U0052667

如能了悟燈就是火，我就是佛，

反觀內照，明心見性。

豈不是現現成成的一個活佛，又何必苦苦向外探求。

公案禪語

吳怡 著

東大圖書公司

自　序

　　五年前，當筆者初授禪學，在第一堂課時，便和學生打趣的自編了一則公案：

> 「吳怡與諸生談禪於華岡大恩館七樓（即中國文化學院哲學研究所教室），適有某禪師路過，喝曰：『何方小子，敢在此說粗說細？』吳怡與諸生甘受棒喝，仍講學不輟。」

　　如果按照禪宗不立文字的教條，留下了公案，已是多餘；更何況還要解說公案。可是站在學術的立場，禪宗在中國的哲學上，實在是一棵難得的奇葩。它思路的玄妙，表達技巧的精錬，都已臻於出神入化的境地。像這種偉大的成就，我們如果不加以闡揚，任它掩沒於斷簡殘編中，流失於青燈木魚下，豈不辜負了列祖列宗的心血。所以儘管筆者不是禪門中人，但為了宣揚中國文化的遺產，卻顧不了吃有識之士的棒喝。

　　來美之後，執教於法界佛教大學，又應幾位佛門朋友的要求，重授禪學公案一課。在為學生選擇參考書時，發現英文本的禪學公案，幾乎都是日本學者的翻譯和著作，他們所花的精力與工夫，雖然令人欽佩，但有時刻意的造作，卻未免走火而入了魔。譬如有一本題名為《單掌之音》(*The Sound of One Hand*) 的公案書，作者在序言中強調該書初版時，曾引起日本禪學界極大的騷動，因為該書揭露了禪宗師徒之間問答的模式，無異於聯考洩了題，使得以後的禪師不知如何來考驗學生。言外之意，也就是該書的價值可以比美

《碧巖錄》，和《無門關》。可是當筆者讀了幾則公案後，不禁大失所望，而且啼笑皆非。想不到日本禪學的公案，會演變到如此的地步！現在舉其中最重要的兩則來看：

1.公案：單掌之音

兩掌相拍有聲，而什麼是單掌之音？

回答：學生臉朝著禪師，擺正了姿勢，不發一言，只向前伸出一隻手。

（按：接著有一個討論，禪師問了十八個有關單掌之音的問題，學生大半都是照前面的姿勢，不發一聲。）

2.公案：無

僧問趙州：「狗子還有佛性亦無？」

趙州曰：「無。」

回答：學生挺直的坐在禪師面前，用盡力量，大聲的喊：「無。」

（按：接著也有一個討論，禪師問了十二個有關無的問題，學生的回答大半都是大聲的喊「無」。）

這種回答的格式，就像模擬考試中作文的題解一樣。如果禪師面對五十位僧徒問上面的問題，可以想像得出這五十位僧徒，將不假思索的，以同樣整齊的步伐，伸出一隻手來，大聲喊「無」。真有點像納粹黨徒向希特勒的肖像致敬一樣。試想這樣的禪學操典，豈不是一場鬧劇，還有什麼心性可證？禪機可言？

我們正本清源來看，公案兩字本是指公府的案牘，禪宗借用來指前代祖師與僧徒之間具有禪機的問答和故事；而公案之設，乃是藉這些問答和故事，以啟發後學者，使他們能超脫文字語言，去直接印心，而不致走入歧途。誠如三教老人在《碧巖錄·序》中所

說：

　　「嘗謂祖教之書，謂之公案者，倡於唐而盛於宋，其來尚矣，二字乃世界法中吏牘語，其用有三：面壁功成，行腳事了，定槃之星難明，野狐之趣易墮，具眼為之勘辨，一呵一喝，要見實諦，如老吏據獄讞罪，底裡悉見，情疑不遺，一也。其次則嶺南初來，西江未吸，亡羊之歧易泣，指海之針必南，悲心為之接引，一棒一痕，要令證悟，如廷尉執法，平反出人於死，二也。又其次，則犯稼憂深，繫驢事重，學奕之志須專，染絲之色易悲，大善知識為之付囑，俾之心死蒲團，一動一參，如官府頒示條令，令人讀律知法，惡念才生，旋即寢滅，三也。」

　　基於這種認識，筆者不顧淺漏，而有本書之作。其目的乃是嘗試從自選的四十則代表性的公案中，去窺探禪師們傳心的旨趣。並就《無門關》一書，加以疏解，去發掘前賢們運用公案的態度。本來，公案是只能參，不能解的。筆者解得愈多，自然也錯得愈多。但讀者從本書中不難看出筆者自始至終在強調返觀自性，躬行實踐。所以讀者如果發現本書的錯解愈多，也就證明了讀者已在自家心田內下了真參實證的工夫，這也正是筆者撰寫本書的最大期望。

吳怡　謹識

脫稿於民國六十八年元月十七日

公案禪語

目　次

自　序

上篇　禪師與公案

下篇　無門關

上 篇

禪師與公案

第一則 達摩廓然

帝（梁武帝）問曰：「朕即位已來，造寺寫經度僧不可勝紀，有何功德？」師曰：「並無功德。」帝曰：「何以無功德？」師曰：「此但人天小果，有漏之因，如影隨形，雖有非實。」帝曰：「如何是真功德？」答曰：「淨智妙圓，體自空寂，如是功德，不以世求。」帝又問：「如何是聖諦第一義？」師曰：「廓然無聖。」帝曰：「對朕者誰？」師曰：「不識。」（《傳燈錄》）

【案語】

❶這則公案的兩位主角，一位是梁武帝，他是南北朝時，梁國的開創之君，姓蕭名衍，在位四十八年，篤信佛教。另一位是印度禪宗的廿八祖菩提達摩，他是印度香至國的第三王子，據說在印度已弘法六十四年。於梁武帝普通元年（西元五二○年），從南海來到中國後，即晉見武帝。這兩位頂尖的人物，一位是當代極有權勢的君主，一位是外來極有道行的高僧，他們的一席話，卻造成了一段千古不朽的公案。

自達摩見過梁武帝之後，感覺機緣不合，便到嵩山少林寺去面壁九年，終日默坐，所以他在中國的記載也不多，據道宣在《高僧傳》中所說：

> 菩提達摩，南天竺婆羅門種，神慧疎朗，聞皆曉悟，志存大乘，冥心虛寂，通微徹數，定學高之。悲此邊隅，以法相導。初達宋境南越，末又北度至魏，隨其所止，誨以禪教，於時合國盛宏講授，乍聞定法，多生譏謗。

從這段記載中，可見他修的是大乘中的禪定之學，和當時只重文字解析的佛學有別。至於達摩的教法內容究竟如何，我們歸納可靠資料，大約有以下三點：

1. 只以《楞伽經》教人
2. 二入四行

   ①理入

> 藉教悟宗，深信含生同一真性，客塵障故，令捨偽歸真，凝住壁觀，無自無他，凡聖等一，堅住不移，不隨他教，與道冥符，名理入也。

②行入

> 初：報怨行者，修道苦至，當念往劫捨本逐末，多起愛憎，今雖無犯，是我宿作，甘心受之，都無怨訴。經云：逢苦不憂，識達故也，此心生時，與道無違，體怨進道故也。
> 二：隨緣行者，眾生無我，苦樂隨緣，縱得榮譽等事，宿因所構，今方得之，緣盡還無，何喜之有，得失隨緣，心無增

減，違順風靜，冥順於法也。

三：名無所求，世人長迷，處處貪著，名之為求。道士悟真，理與俗反，安心無為，形隨運轉，三界皆苦，誰得而安，經曰：有求皆苦，無求乃樂也。

四：名稱法行，即性淨之理也。」（以上皆出《高僧傳》，以下據《傳燈錄》）「此理，眾相斯空，無染無著，無此無彼，經云：法無眾生，離眾生垢故，法無有我，離我垢故。智者若能信解此理，應當稱法而行。

3.壁觀

據《景德傳燈錄》所註：

別記云：師初居少林寺九年，為二祖說法，祇教曰：「外息諸緣，內心無喘，心如牆壁，可以入道。」慧可種種說心性理道未契，師祇遮其非，不為說無念心體，慧可曰：「我已息諸緣。」師曰：「莫不成斷滅去否？」可曰：「不成斷滅。」師曰：「何以驗之，云不斷滅？」可曰：「了了常知，故言之不可及。」師曰：「此是諸佛所傳心體，更勿疑也。」

❷達摩是中國禪宗的初祖，這是他來華留下的第一個公案。關於這公案，有三點值得注意：

1.當梁武帝問造寺寫經度僧的功德時，這是一般俗諦的看法。達摩回答無功德乃是用遮斷的手法，使對方了解這些有為的功德，乃是世間上的一點小小的果報，如果執著以為是了不起的成就，反而變成了有漏之因。所謂漏就是指的欲望，本來我們的心體完滿無缺，有了欲望，就像在心體上開了一個洞，使我們的精神向外流

失，所以達摩這個無功德的「無」字，乃是杜漏的妙方。

2.當梁武帝被達摩打了一棒之後，他畢竟是一位對佛法有相當認識的君主，所以他便立刻轉變話鋒，問聖諦第一義。本來按照一般佛學的二諦觀，只有俗諦和真諦。俗諦講有，真諦明空。梁武帝此處所問乃是指真諦而言，可是達摩又給他一棒，因為梁武帝所謂的聖諦第一義，並不是達摩所謂的自性。如果執之以為是，也成一偏，所以達摩又棒之以「廓然無聖」。

3.梁武帝也不是簡單的人物，頭腦反應相當敏捷。他想：你這位聖僧既然給我吃了兩個「無」字棒，那麼和我談話的你又是什麼？這一著，似乎已抓住了達摩的辮子，那料達摩像泥鰍一樣的滑，又打了一個無字棒，說：「不識。」機鋒逼到此處，已無話可說了，如果梁武帝仍然不懂，恐怕永遠也懂不了了。

在這個公案中，達摩所慣用的乃是遮斷的手法，回答一個「無」字。這個「無」字極為緊要。千萬不要把「無」字看作一個否定詞。譬如當梁武帝問達摩造寺寫經度僧有何功德，達摩回答「並無功德」，這不是完全否定了造寺寫經度僧的價值，如果是這樣的話，豈不是完全否定了人間的一切佈施修行，變成了狂禪。達摩的這個「無」字，只是打破對佈施修行的執著，使我們心境往上提昇。同樣他說「廓然無聖」，是為了要達到真聖；「不識」，是為了真正的認識自性。

第二則　慧可覓心

光（神光慧可）曰：「我心未寧，乞師與安。」師（達摩）曰：「將心來，與汝安。」曰：「覓心不可得。」師曰：「我與汝安心竟。」（《傳燈錄》）

【案語】

❶慧可是中國禪宗的二祖，俗姓姬，河南人，自幼博覽儒家的詩書，並精通道家的玄理。後來因讀佛經，別有會心，便在洛陽龍門香山，依寶靜禪師出家。這時他少年氣盛，口才出眾，經常到處演講，至三十二歲，返回香山，卻突然轉變，終日默坐，八年之後，他四十歲時，才到嵩山少林寺，拜達摩為師，成為二祖。而這段公案，乃是他初參達摩時的印心之作。

❷這則公案的關鍵在一個「心」字，而禪宗的主要法門在於明心見性，所以這則公案，無疑的，已觸及了禪宗的核心問題。原來在中國佛學裡，對於這個心字，便有兩種價值判斷，即妄心、真心之別。妄心就是指的欲望；真心就是指的本心。其實，人身中並沒有兩個心，一念欲起，便是妄心；一念無惡，便是真心。

當慧可求達摩安心時，這個心即是指的欲望。如果達摩問慧可為什麼「心未寧」？有些什麼不寧？慧可便會一五一十的把一切煩惱向達摩傾訴，恐怕達摩要像現代的心理治療學家一樣，「剪不斷，理還亂」了。可是達摩畢竟是禪道的高手，立刻從本源上抓住病根，說「將心來」。這一「將」，卻把慧可「將」倒了。慧可既然將

不出心來，還有什麼「心未寧」。本來無一物，所以達摩說已替他安好了心。

　　如果我們有問題去請教心理治療學家，他的答覆像達摩一樣簡單的話，恐怕你會拂袖而走。但是慧可卻在這段話裡印了心。為什麼？達摩沒說，慧可沒說，所有的記載上都沒說，我們當然無從知道。不過有一點，我們卻不容忽視，表面上簡單，裡面往往很複雜，表面上複雜，裡面也許很簡單。當慧可問達摩「心未寧」時，在慧可看來，這是一個複雜的問題，但達摩卻看到簡單的一面，而慧可能在這個簡單處悟入，恐怕在心中須作過不少複雜的工夫。所以「我與汝安心竟」，這只是達摩的交待，是否真的安了心，還要看慧可自己的工夫！

第三則　僧璨懺罪

（僧璨）問師曰：「弟子身纏風恙，請和尚懺罪。」師曰：「將罪來與汝懺。」居士良久云：「覓罪不可得。」師曰：「我與汝懺罪竟。宜依佛法僧住。」曰：「今見和尚已知是僧，未審何名佛法。」師曰：「是心是佛，是心是法，法佛無二，僧實亦然。」曰：「今日始知罪性不在內，不在外，不在中間，如其心然，佛法無二也。」（《傳燈錄》）

【案語】

❶僧璨是中國禪宗的三祖，他的身世不詳，在四十餘歲時，才去參見二祖。留下了以上這則公案。自此以後他歸依佛門，行止無常。

僧璨的作品，據《景德傳燈錄》所載，有〈信心銘〉一文，雖然只有短短五百八十餘字，但禪學的玄理卻發揮無遺，如：

至道無難，惟嫌揀擇，但莫憎愛，洞然明白。

莫逐有緣，莫住空忍，一種平懷，泯然自盡。

才有是非，紛然失心，二由一有，一亦莫守。

萬物齊觀，復歸自然，泯其所以，不可方比。

一即一切，一切即一，但能如是，何慮不畢。

信心不二，不二信心，言語道斷，非去來今。

從以上幾段徵引中，可以看出僧璨這篇文字融有道家、三論和華嚴的思想。從打破兩邊的執著，而歸本於一如；又由一如而歸本於絕對的真心。

❷這則公案，可分為三個段落：第一段是僧璨請慧可替他懺罪，第二段是慧可為他懺罪竟，第三段是關於依佛法僧住的解釋。按照一般公案的慣例，本公案的重點是在僧璨覓罪不可得，而慧可已替他懺罪竟。這是禪學問答的格式，也是機鋒的所在。但這一段對答與第二則慧可覓心的公案，是如出一轍的，所以不必我們贅述。同時，本公案如果只有這一段，則無異是前則公案的翻版，毫無價值可言。所以本公案的重點，應該放在第一、第三兩段。

1.先看第一段，僧璨說：「弟子身纏風恙，請和尚懺罪。」如果照一般邏輯的推論，身纏風恙，和懺罪根本是風馬牛不相及的兩回事。因為風恙是身體上的毛病，而懺罪卻是精神上的工夫。縱然懺得了精神上的罪，又如何能治得了身體上的病。所以照一般常情來說，這問題是不合理的。可是按照佛學的理論來看，這問話卻有它的根據。因為佛理上認為我們的一切果報都由業所造。身體上的病痛也是一種果報，就拿風恙來說，它的近因可能是不注意氣候，受了風寒，或追名逐利，忘了照顧自己。但它的遠因，也可能是前世造了病業，到了現世遭受長期風恙的果報。所以按照業報之說，風恙與罪業仍然有著相當的關係。慧可面對僧璨這個問題，是用反問的方法，直指出僧璨為了治風恙而要懺罪的錯誤，因為病痛是過去的業報，不能因現在的懺悔而一筆勾消。現在的懺悔只能使你未來不再種下病痛的苦果。所以慧可要僧璨拿罪來，當然僧璨拿不出

使他患風恙的罪來，至於慧可回答「為汝懺罪竟」，只是針對拿不出罪來，而業已替他懺好了罪，這是很合邏輯的推論。須注意的是慧可並沒有說「已為汝治風恙竟」。無論僧璨對慧可的答案滿意或不滿意，但畢竟風恙仍在。如果僧璨不肯罷休的話，他一定會再問：「好吧，就算找不出罪來，已替我懺好了罪，何以我的風恙仍然沒有消失。」

　　2.可是慧可畢竟在達摩替他「安心竟」之後，仍然作了不少心上的工夫，所以他對僧璨的問題抓得非常緊，沒有等僧璨有皺一皺眉頭的時間，便搶著說：「宜依佛法僧住。」這六個字才是真正懺罪和治病的良方。我們在前一則公案中說過達摩雖然替慧可安心竟，而慧可是否真的安了心，還要看他自己的工夫，但從這幾個字中，可以看出慧可的確是下了工夫，安了心的，因為「依佛法僧住」，「是心是佛，是心是法」。此心既然是佛、是法，還有什麼不安，還有什麼罪性可言。所以本公案無異是前則公案的延續，慧可多說了幾句話，正是他婆心的所在。在這裡，我們必須汲取教訓，千萬不要把時間花在自己製造的煩惱上，只要切切實實的本諸真心，躬行實踐，一切的煩惱自除，縱然有點風恙的病痛，也會因精神的提昇，信心的堅定，而不足為患的了。

第四則　道信解脫

有沙彌道信，年始十四，來禮師（僧璨）曰：「願和尚慈悲，乞與解脫法門。」師曰：「誰縛汝？」曰：「無人縛。」曰：「何更求解脫乎？」信於言下大悟。（《傳燈錄》）

【案語】

❶道信是中國禪宗的四祖，俗姓司馬，祖籍河南，從少聰明異常，一心追求空宗的各種解脫法門，所以遇到僧璨，劈頭便問解脫法門，卻被僧璨一棒打出了以上的這段公案。

關於道信禪師，值得我們注意的是，他在湖北黃梅破頭山住了三十餘年，和以前各禪師不同，他廣收徒眾形成僧團生活，他除了傳衣鉢給弘忍之外，另外又傳牛頭山法融，再傳智巖，三傳慧方，四傳法持，五傳智威，六傳慧忠。此一系統，又稱牛頭宗，在當時極盛，只可惜到了慧忠以後便衰微了。

道信的思想，可以從《楞伽師資記》中引錄他所著〈入道安心要方便〉一文中看出。如：

夫身心方寸，舉足下足，常在道場，施為舉動，皆是菩提。

離心無別有佛，離佛無別有心，念佛即是念心，求心即是求佛。所以者何？識無形，佛無形，佛無相貌，若也知此道理，即是安心。

略而言之，凡有五種，一者，知心體，體性清淨，體與佛同。二者，知心用，用生法寶，起作恆寂，萬法皆如。三者，常覺不停，覺心在前，覺法無相。四者，常觀身空寂，內外通同，入身於法界之中，未曾有礙。五者，守一不移，動靜常住，能令學者明見佛性，早入定門。

從這些話中，可以看出道信對於安心，是有一套實際的禪定工夫。

❷這則公案，就其問答的格式來看，和前兩則公案是大同小異的。但在這則公案中，值得我們注意的是對解脫法門的看法。道信據《景德傳燈錄》的記載，似乎對解脫法門特別有興趣，如：

幼慕空宗諸解脫門，宛如宿習。

垂誡門人曰：一切諸法悉皆解脫，汝等各自護念。

事實上，整個佛學的基本精神，就是在於解脫。所以道信向僧璨求解脫法門時，按照常情來說，並沒有錯誤。可是為什麼僧璨卻要打他一棒呢？依照這則公案的文義來看，僧璨的意思是認為一切的痛苦煩惱都是自找的，並沒有人來束縛你，所以你本來就是自由之身，又何需向外求解脫法門？這樣的解釋在表面上似乎可以交待這個公案，但問題並非如此簡單，道信卻因此而大悟，大悟之後，至臨終時，仍然強調：「一切諸法悉皆解脫。」可見他所悟的不是「不求解脫」，而是真正洞悉解脫的意義，而是有一套實際上得到解脫的法門。這一法門，就是他在〈入道安心要方便〉一文中所例舉的一套實際工夫。

第五則　法融睹佛

　　（法融）引祖（道信）至庵所，繞庵唯見虎狼之類，祖乃舉兩手作怖勢，師曰：「猶有這個在。」祖曰：「適來見什麼？」師無對。少選，祖卻於師宴坐石上書一佛字，師睹之竦然，祖曰：「猶有這個在。」（《傳燈錄》）

【案語】

　　❶法融是江蘇鎮江人，俗姓韋，十九歲已通經史，後來閱讀《大般若經》，嚮往真空妙義，便歸隱江蘇茅山，落髮為僧，後入牛頭山，住在幽棲寺北邊的石室中，據說他禪坐時有百鳥銜花之異。也就在該石室中，道信發現了他，而留下這則公案。

　　由於道信已把衣缽傳給了弘忍，所以法融所傳的系統別立為牛頭宗，與弘忍的東山宗相對立。在當時，法融的徒眾甚多，常供有三百餘僧，聽眾一千餘人。法融的思想仍然重在一個心字，不過他特別用「無」去安這個心。如：

> 有僧問：「恰恰用心時，若為安隱好？」
> 法融答：「恰恰用心時，恰恰無心用，曲譚名相勞，直說無繁重，無心恰恰用，常用恰恰無，今說無心處，不與有心殊。」

　　在法融所著〈絕觀論〉一文中也說得非常明白：

問：「云何名心，云何安心？」

答：「汝不須立心，亦不須強安，可謂安矣！」

問：「何者是心？」

答：「六根所觀，並悉是心。」

問：「心若為？」

答：「心寂滅。」

問：「何者為體？」

答：「心為體。」

問：「何者為宗？」

答：「心為宗。」

問：「若為是定慧雙遊？」

答：「心性寂滅為定，常解寂滅為慧。」

另外法融有一篇〈心銘〉，也一再的說：

心性不生，何須知見，本無一法，誰論熏鍊。

欲得心淨，無心用功，縱橫無照，最為微妙。

後念不生，前念自絕，三世無物，無心無佛。

意無心滅，心無行絕，不用證空，自然明徹。

安心無處，無處安心，虛明自露，寂靜不生。

就以上的摘錄看來，法融的「以心為體」、「以心為宗」，仍然是具有道信的血統，但他強調「無心用功」、「安心無處」的無字，卻使他和「即心是佛」的東山宗有了顯明的對立。這也是法融的牛

頭宗融有道家玄學思想的一大特色。

❷在這則公案裡，有兩次用到「猶有這個在」。前後呼應，很巧妙的把佛學上破我執，破法執的思想表達了出來。當道信看到虎狼之類時，舉手作怖勢，乃是故意來考驗法融的境界，而法融回答「猶有這個在」。「這個」兩字在禪宗公案中時常用到，有時指自我，有時卻指自性，為什麼高低兩層境界同以一詞作代表，因為自我執著一破，便是自性。所以究竟「這個」是指自我或自性，就要看悟道的境界如何了。當時法融尚未悟道，所以只能就低層次來看「這個」兩字，法融的回答暗指道信懼怕虎狼之類，就是因為還有這個自我存在，如果自我的執著一破，連生死都不怕，還怕什麼虎狼。法融的見解，非常粗率，所以當道信追問：「適來見什麼」時，他卻答不上來，於是道信又故意在法融打坐的石墊上寫一個佛字，法融看了這字，不敢坐下，道信又回法融一個「猶有這個在」。這是以牙還牙的方法，批評法融的法執未空，法執之所以不能空，就是由於我執未除，一心想成佛，於是佛便變成了障礙，變成了惡魔，變成了虎狼。所以道信認為法融仍然有自我存在，就是要法融破我執之後，還須破法執。

可是法融只知破我執，不知破法執，所以《景德傳燈錄》中記載他「未曉，乃稽首請說真要」。於是道信便接著向法融解說了一大段話：

> 夫百千法門，同歸方寸，河沙妙德，總在心源。一切戒門定門慧門，神通變化，悉自具足，不離汝心。一切煩惱業障本來寂，一切因果皆所夢幻。無三界可出，無菩提可求，人與非人性相平等。大道虛曠，絕思絕慮，如是之法，汝今已

得，更無闕少，與佛何殊，更無別法。汝但任心自在，莫作
觀行，亦莫澄心，莫懷愁慮，蕩蕩無礙，任意縱橫，不作諸
善，不作諸惡，行住坐臥，觸目遇緣，總是佛之妙用，快樂
無憂，故名為佛。

這段話說明了佛不是外在於我心的一個偶像，而是超脫一切攀
緣，任心自然的一種境界。說得明白點，也就是自性即佛。

第六則　天柱風月

　　問：「達摩未來此土時，還有佛法也無？」師（天柱崇慧）曰：「未來時且置，即今事作麼生？」曰：「某甲不會，乞師指示。」師曰：「萬古長空，一朝風月。」良久又曰：「闍黎會麼？自己分上作麼生，干他達摩來與未來作麼？」（《傳燈錄》）

【案語】

　　❶天柱崇慧禪師，俗姓陳，四川人，為智威的法嗣，在天柱山弘道二十二年。

　　天柱禪師的思想沒有長篇的文字可徵，《傳燈錄》中記載了一些他和弟子的回答，都頗有詩意禪機。如：

　　　問：「如何是天柱家風？」
　　　師答：「時有白雲來閉戶，更無風月四山流。」
　　　問：「如何是道？」
　　　師答：「白雲覆青嶂，蜂鳥步庭華。」
　　　問：「如何是和尚利人處？」
　　　師答：「一雨普滋，千山秀色。」
　　　問：「如何是西來意？」
　　　師答：「白猿抱子來青嶂，蜂蝶唧華綠葉間。」

　　從這些徵引中可以看出，天柱慣用詩句來回答，而這些簡短的詩句都是直接取材於自然界，或用「動」以明「有」，或寫「靜」

以證「空」，或動靜互攝以明真空不二。這種格式在唐代的禪宗公案裡也非常普遍。就《傳燈錄》中所載，似乎是天柱禪師首先運用。

❷在這個公案中，當僧徒問：「達摩未來此土時，還有佛法也無？」這問題本來很重要，因為佛法無所不在，不分過去、現在，與未來。達摩來到中國，並不是把佛法從印度帶來中國，而是開啟中國人的心靈，去認識自心的佛性。但天柱不像筆者這樣嘮叨的去解釋，而反問說：「未來時且置，即今事作麼生？」這一問，便直入對方的心窩，要他去自悟自證。禪宗公案的活潑處就在這裡。可是對方仍然不解，所以天柱又說：「萬古長空，一朝風月。」所謂萬古長空，就是指的佛法無邊，無過去、現在、未來，這是真空。所謂一朝風月乃是指天地間任何事物，都有其當體的存在，這是妙有。但真空即妙有，妙有即真空，萬古是一朝，一朝也是萬古，所以天柱不談「未來」，而只問「今事」，因為「今事」能明，即通未來。而當下能悟，即是佛性，還管他達摩的來與未來。

第七則　慧能面目

（道明）乃曰：「我來求法，非為衣也，願行者開示於我。」
祖（慧能）曰：「不思善、不思惡，正恁麼時，阿那個是明上座本
來面目？」師當下大悟。（《傳燈錄》）

【案語】

❶這則公案是六祖慧能在五祖弘忍處得到衣缽後，連夜離開黃
梅山，而弘忍門下其他弟子欲追回衣缽，其中一位道明（《傳燈錄》
作道明，《六祖壇經》作慧明）禪師，是江西人，為陳宣帝的後代，
他最先在大庾嶺上追到了六祖，因而有了這段公案。

六祖慧能，俗姓盧，原籍河南范陽，後來遷居南海新州，三歲
喪父，家貧，賣柴度日，後因聞人唸《金剛經》，而立志學佛，便
至黃梅禮拜五祖弘忍。

慧能可說是中國禪宗真正的奠立者，他在中國禪宗發展上的意
義，有以下四點：

①慧能從《金剛經》而悟道，自他以後，中國禪宗特別重視
《金剛經》，這與自達摩到神秀的偏重《楞伽經》形成了對照。所
以湯用彤、胡適等稱自達摩到神秀的系統為楞伽宗，有別於慧能的
系統。

②慧能和神秀的不同，一般來說在於頓漸，如神秀的偈：

　　身是菩提樹，心如明鏡臺，

時時勤拂拭，勿使惹塵埃。

慧能的偈：

菩提本無樹，明鏡亦非臺，
本來無一物，何處惹塵埃。

而事實上，最主要的不同，乃是由於神秀只重坐禪，而慧能卻強調明心見性，如《六祖壇經》中，神秀的弟子志誠告訴慧能，神秀常教人「住心觀淨，長坐不臥」，而慧能卻批評說：「住心觀淨，是病非禪；長坐拘身，於理何益。」並說偈曰：

生來坐不臥，死去臥不坐，
元是臭骨頭，何為立功過。

這也就是說不要在身上做工夫，而要在心中見自性。
③慧能之所以成為南頓的開宗者，主要是由於他確立了一種頓教的傳授法門，他說：

若有人問汝義，問有將無對，問無將有對，問凡以聖對，問聖以凡對，二道相因，生中道義。汝一問一對，餘問一依此作，即不失理也。

這種問答的方式，不僅是禪的特色，而且也正是公案機鋒之所本。
④慧能思想樸素平實，著重人倫，如他說：

若欲修行，在家亦得，不由在寺。在家能行，如東方人心善，在寺不修，如西方人心惡，但心清淨，即是自性西方。

並作〈無相頌〉：

> 心平何勞持戒，行直何用修禪，恩則親養父母，義則上下相
> 憐。讓則尊卑和睦，忍則眾惡無喧，若能鑽木取火，淤泥定
> 生紅蓮。苦口的是良藥，逆耳必是忠言，改過必生智慧，護
> 短心內非賢。日用常行饒益，成道非由施錢，菩提只向心
> 覓，何勞向外求玄，聽說依此修行，天堂只在目前。

六祖門人極多，見於《傳燈錄》者有十八人：崛多三藏、法
海、志誠、曉了、法達、智通、志徹、智常、志道、印宗、青原、
南嶽、玄覺、本淨、玄策、令韜、慧忠、神會。其中法海曾編錄
《六祖壇經》，青原和南嶽開出了以後的禪門五宗。神會替六祖爭
道統，著有《顯宗記》。

❷這一則公案可說是六祖離開五祖後第一次講法，雖然只有短
短二十一個字，卻完全托出了慧能禪的特色。關於這則公案，可分
兩部分。首先慧能說：「不思善、不思惡。」對於這句話，我們要
把重點放在「思」字上，這裡所謂善惡只是表示相對的觀念，包括
了是非、好壞、高下、聖凡等。這些相對觀念是相生相成的，正如
老子所謂「天下皆知美之為美，斯惡已；皆知善之為善，斯不善
已」。慧能的意思是叫我們在思想上不要黏著在善惡兩邊的觀念上，
這樣我們的心才能歸於清淨。然後慧能說：「正恁麼時，阿那個是
明上座本來面目？」這是問話，是要對方在這個時候，好好做工
夫，去參一參什麼是自己的本來面目。如果把這句話解作，「正在
這個時候，那就是你的本來面目」，這便成了封閉式的方法，是槁
木死灰的枯禪了。

如果把這個公案和六祖在《壇經》中一開頭所說的話作一對

照：所謂「菩提自性，本來清淨」，即是「不思善、不思惡」；而「但用此心，直了成佛」，正是用此心去參一參本來面目。由此可見慧能禪的整個思想精神，就在「本來面目」四字。以後在中國禪宗的發展上，無論是用棒、用喝，無論是參公案、看話頭，幾乎都離不了這本來面目。

第八則　神會知解

　　祖（慧能）告眾曰：「吾有一物，無頭無尾，無名無字，無背無面，諸人還識否？」師（神會）乃出曰：「是諸法之本源，乃神會之佛性。」祖曰：「向汝道無名字，汝便喚作本源、佛性。」師禮拜而退。祖曰：「此子向後設有把茆蓋頭也，只成得個知解宗徒。」（《五燈會元》）

【案語】

　　❶荷澤神會禪師，俗姓高，湖北人。十四歲時即讀《老》、《莊》，後來看到《後漢書》，才知有佛法。便在國昌寺出家。三十一歲時，拜神秀為師，隨侍三年。神秀奉召入宮時，曾介紹他去見慧能，所以他在三十四歲時拜謁慧能，這時慧能已經六十四歲，可見他是慧能晚年的弟子之一。

　　神會在禪宗史上的功勞，不在中國禪宗思想的開展，而在與北宗神秀派的抗衡中，取得了南宗慧能派正統的地位。神會學問淵博，口才伶俐。三十八歲即北遊，後四十二歲曾一度返回曹溪。慧能圓寂後，他即承擔了與北宗抗衡的工作。一面宣揚慧能的頓教，一面抨擊北宗的系統。他來往於山東曹州荷澤寺，與河南滑臺大雲寺之間，設立六祖真堂，確定禪宗法脈。印度禪宗二十八祖，及中國禪宗六祖都是他一手制定的。後來在他八十七歲時，安祿山造反，政府經濟困難。於是他出來設戒壇度僧，把所得之款，捐給國庫，因而贏得了朝廷的信任。敕南宗為正統，神會為第七祖。

　　神會的門人，主要有磁州法如、大石福林、蒙山光寶、南陽圓震等。其中磁州法如，傳荊南惟忠，遂州道圓，到圭峰宗密。圭峰著《禪源諸詮集都序》三卷，《禪門師資承襲圖》一卷，對於禪之分類、解說、批評，以及法統的承襲都有很大的貢獻。

　　神會的思想，顯然也是承繼了慧能的思想，譬如在他所著《顯宗記》中曾說：

> 無念為宗，無作為本，真空為體，妙有為用。夫真如無念，非想念而能知。實相無生，豈色心而能見？無念念者即念真如，無生生者即生實相，無住而住，常住涅槃。」

　　這是般若的思想，但般若思想也正是慧能承自大乘佛法的。又如在敦煌出土的《神會語錄》中，他說：

> 事須理智兼釋，謂之頓悟，並不由階漸，自然是頓悟義。自心從本已來空寂者，是頓悟。即心無所得者為頓悟，即心無所住為頓悟，存法悟心，心無所得，是頓悟。知一切法是一切法，為頓悟。聞說空不著空，即不取不空，是頓悟。聞說我，不落（我），即不取無我，是頓悟。不捨生死而入涅槃，是頓悟。

　　在這段話中，我們不必計較其文字相的煩雜，就其對頓悟的見解來說，顯然也是承自慧能對頓悟的看法。

　　❷在這則公案裡，慧能所謂「吾有一物」，顯然是指的自性。而神會答以：「是諸法之本源，乃神會之佛性。」非但沒有錯誤，而且答得非常周延。如果只答「諸法之本源」，便會變成外在的本質，而沒有自在的真性；如果只答以「神會之佛性」，又往往會限

於內在，而失去了自性涵蓋萬有的一面。所以神會的答話，扣緊了內外，非常精密，為什麼慧能還要加以申斥呢？問題乃是在於神會的回答只是一種解釋，而沒有真參實證的工夫。所以慧能認為他將來只能作一個知解宗徒。衡之於事實，從神會傳到了圭峰。圭峰之擅長分析、說理，也正應驗了慧能的預言。

第九則　南嶽不中

祖（慧能）問：「什麼處來？」（南嶽懷讓）曰：「嵩山來。」祖曰：「什麼物恁麼來？」曰：「說似一物即不中。」祖曰：「還可修證否？」曰：「修證即不無，污染即不得。」祖曰：「只此不污染，諸佛之所護念，汝既如是，吾亦如是。」（《傳燈錄》）

【案語】

❶南嶽懷讓禪師，俗姓杜，陝西人，十五歲即依弘景律師出家，這是他第一次拜見六祖時的一段對話。

南嶽禪師是慧能門下傳法的二大弟子之一，在他之後開出了臨濟、溈仰二宗。南嶽的思想沒有留下多少記載，從他和道一的對答中，可以看出他接引弟子，善用啟發式，如：

> 有沙門道一住傳法院，常日坐禪，師知是法器，往問曰：「大德坐禪，圖什麼？」一曰：「圖作佛。」師乃取一甎於彼庵前石上磨。一曰：「磨甎作麼？」師曰：「磨作鏡。」一曰：「磨甎豈得成鏡耶？」師曰：「磨甎既不成鏡，坐禪豈得成佛耶？」一曰：「如何即是？」師曰：「如牛駕車，車不行，打車即是，打牛即是？」一無對，師又曰：「汝為學坐禪，為學坐佛，若學坐禪，禪非坐臥，若學坐佛，佛非定相，於無住法，不應取捨，汝若坐佛，即是殺佛，若執坐相，非達其理。」

　　從這段對話中，可以看出南嶽完全承繼了慧能對坐禪的態度。禪學的精神乃在明心見性，而不在冥思枯坐。

　　❷在這則公案裡，慧能問「什麼處來？」這是普通的問話。而慧能問：「什麼物恁麼來？」卻是特殊的問話。普通的問話，可以答以實情；而特殊的問話，乃是問自性的，所以須用機鋒來對答。不過有時當禪師問普通的問題時，鋒芒畢露的僧徒，也往往以機鋒來回答。

　　在這則公案裡的兩位主角，慧能和南嶽，都是思想平實的，所以他們的對答非常樸素，但卻含有深意。南嶽回答：「說似一物即不中。」 就是指自性或佛性不是一物。而慧能反問：「還可修證否？」這句話粗看起來，非常平凡，但卻是一針見血的話。這句話非常難答，一般來說，只有兩個答案，一是可以修證，一是不必修證。如果是前者，似乎與一般的禪理有出入，因為自性是現成具在，不增不減的，慧能曾說：

　　　若開悟頓教，不執外修，但於自心常起正見，煩惱塵勞，常不能染，即是見性。

　　如果是後者，則與根本的佛教義理相違背，因為這樣又無異否定了修證的價值。所以慧能提出的是一個近乎兩難的問題。但南嶽的回答卻非常高明，他說：「修證即不無，污染即不得。」第一句話很巧妙的說明了，修證雖然不能使自性增加了些什麼，但修證本身卻不落空，因為它可以拂拭掉外在的許多塵埃，使得明鏡更亮，如果這樣的解釋，豈不是和神秀的偈子「時時勤拂拭，勿使惹塵埃」一樣了嗎？其實神秀講修證處，並不錯，只是沒有強調自性，所以南嶽接著說：「污染即不得。」就是說明自性本身不受污染，

污染的乃是我們的思想心念，使我們不能明心見性。南嶽這話，一面肯定了修證的價值，一面又強調了自性不受污染的本質，所以是非常合乎中道的回答。最後慧能又叮嚀他：「只此不污染，諸佛之所護念。」這是說明了見性之後，仍須修證，使此不污染的自性，永遠清明。

第十則　青原階級

青原（行思）問：「當何所務，即不落階級？」祖（慧能）曰：
「汝曾作什麼來？」師曰：「聖諦亦不為。」祖曰：「落何階級？」
曰：「聖諦尚不為，何階級之有？」（《傳燈錄》）

【案語】

❶青原行思禪師，俗姓劉，江西人，從少就沉默寡言，廿歲
時，才到廣州，歸依慧能，這是他初見慧能的一段公案。

青原禪師也是慧能門下最重要的傳法弟子，在他之後，開出了
曹洞、雲門、法眼三宗。青原的思想沒有系統的文字留下來，據
《傳燈錄》所載，他和南嶽的手法不同，南嶽慣用啟發式，較為平
實，而青原卻慣用截斷式，使對方往往不知所措，譬如僧問：「如
何是佛法大意？」他便回答：「廬陵米作麼價？」廬陵是在江西，
也就是青原傳法的所在。這句話本身並無深意，只是用以遮斷對方
在文字語言上求解的毛病。

❷在這個公案裡，慧能接引青原的方法，正像西哲蘇格拉底所
慣用的產婆法，就是不直接把知識塞給學生，而是用反問的方式，
使對方自己導出答案。譬如當青原問：「當何所務，即不落階級？」
這句話本身便有問題，因為按照禪學的說法，有所務便有階級，所
以這句話一開始便問錯了，但慧能並沒有直接批評他，而反問說：
「汝曾作什麼來？」從而導出「聖諦尚不為，何階級之有」的答
案。

　　在這則公案裡，值得注意的是「階級」兩字，所謂「階級」即高低的層次，這是現象界的相對法。不落階級，即已進入了絕對的境界。林泉老人在《虛堂集》中評唱說：「建化門中，不無評品，實際理地，寧有階差。」也就是說在應化的法門上，修行仍然有高低層次，而在真正悟入實相時，卻是絕對平等，沒有階級的。

第十一則 臥輪伎倆

　　有僧舉臥輪禪師偈云：「臥輪有伎倆，能斷百思想，對境心不起，菩提日日長。」六祖大師聞之曰：「此偈未明心地，若依而行之，是加繫縛。」因示一偈曰：「慧能沒伎倆，不斷百思想，對境心數起，菩提作麼長。」（《傳燈錄》）

【案語】

　　❶臥輪禪師的生平不可考，但就該偈的內容來看，他是偏重禪定工夫，似乎是神秀一派的人物。

　　慧能本不識字（後來躲在獵人隊中，可能看了不少經書）。但卻是改詩的能手。以前把神秀的偈子改了一兩句，贏得了衣缽；而此處又替臥輪的偈子改了幾個字，卻使禪理大明。

　　❷臥輪禪師認為自己有特殊的工夫，可以斷滅一切的妄想，使得心對外境，完全寂而不動。這在禪定來說，不是最後的工夫，如果只止於此，便成為槁木死灰的枯禪。所以六祖劈頭便說：「沒伎倆。」這種以無破有的方法，是禪宗對話的慣例。在這裡千萬不要以為慧能沒有一點工夫。六祖的意思是要打破執著外修的工夫，而強調心地的工夫。外修的工夫是借外力而使心念不動，這是人為的、暫時的；心地的工夫，乃是由明心見性的智慧，使得心地不受一切妄念的污染，外境的干擾。這才是自然的、永恆的真工夫。

　　慧能這首偈子一方面本於《金剛經》「應無所住而生其心」的思想，認為心念仍然要活潑潑的動，只是不著相而已。就像鏡子能

照萬物，卻不為一物所黏著。同時對於外境的一切，全無分別之心，也像鏡子一樣，善來時，照明其善；惡來時，照出其惡，而鏡體始終不受污染。另一方面慧能禪的工夫，更著重「煩惱即菩提」，正如永明禪師所說：「妄想興而涅槃現，塵勞起而佛道成。」所以不必怕妄念，有妄念時，正好做工夫，也不必躲避煩惱，有煩惱處才有工夫可做。問題是在於如何去做工夫？

　　這工夫的最緊要處，就是先要有智慧，有智慧後，妄念自然不生，即使有煩惱也會轉成菩提；否則沒有智慧而要斷妄念，結果任何現象都變成妄念，草木皆兵，又如何能斷？正如黃山趙文孺拜見圓通善國師時曾作頌說：

　　妄想元來本自真，除時又起一重塵，

　　言思動靜承誰力，仔細看來無別人。（萬松老人《請益錄》）

　　說到這裡，不僅要把臥輪禪師的偈子拋掉，甚至也不要讓慧能禪師的偈子留在心中，這樣才能使自性真正的達到清淨無餘。

　　❸蓮池大師對於這首偈子曾有以下的警誡：

　　有誦六祖偈云：『惠能沒伎倆，不斷百思想，對境心數起，菩提作麼長。』揚揚自謂得旨，便擬縱心任身，一切無礙。坐中一居士斥之曰：『大師此偈，藥臥輪能斷思想之病也。爾未有是病，妄服是藥，是藥反成病。』善哉斯言乎！今更為一喻，曹溪之不斷百思想，明鏡之不斷萬像也，今人之不斷百思想，素縑之不斷五采也。曹溪之對境心數起，空谷之遇呼而聲起也；今人之對境心數起，枯木過火而煙起也，不揣已而自附於先聖者，試閒處一思之。

　　這話說明了慧能雖然不講伎倆，但卻是工夫到了爐火純青後的境界，絕不能等閒視之。

第十二則　慧忠考驗

時有西天大耳三藏到京，云得他心慧眼，帝敕令與國師（慧忠）試驗，三藏才見師，便禮拜立於右邊，師問曰：「汝得他心通耶？」對曰：「不敢。」師曰：「汝道老僧即今在什麼處？」曰：「和尚是一國之師，何得卻去西川看競渡？」師再問：「汝道老僧即今在什麼處？」曰：「和尚是一國之師，何得卻在天津橋上看弄猢猻？」師第三問，語亦同前。三藏良久，罔知去處。師叱曰：「這野狐精，他心通在什麼處？」三藏無對。（《傳燈錄》）

【案語】

❶慧忠國師，俗姓冉，浙江人，為慧能弟子，在玄宗、肅宗、代宗三朝，奉召入內，拜為國師。這則公案是在代宗時，考驗印度大耳三藏的一段對話。

慧忠國師沒有留下系統的文字，但他的思想敏捷，留下了不少有名的公案，如：

1. 一日喚侍者，侍者應諾，如是三召，皆應諾，師曰：「將謂吾孤負汝，卻是汝孤負吾。」

2. 有僧問：「若為得成佛去？」師曰：「佛與眾生一時放卻，當處解脫。」問：「作麼生得相應去？」師云：「善惡不思，自見佛性。」問：「若為得證法身？」師曰：「越毘盧之境界。」曰：「清淨法身作麼生得？」師曰：「不著佛求

耳。」問:「阿那個是佛?」師曰:「即心是佛。」

3.有僧到參禮,師問:「蘊何事業?」曰:「講《金剛經》。」
師曰:「最初兩字是什麼?」曰:「如是。」師曰:「是什
麼?」僧無對。

4.有人問:「如何是解脫?」師曰:「諸法不相到,當處解
脫。」曰:「恁麼即斷去也?」師曰:「向汝道諸法不相
到,斷什麼?」

5.師見僧來,以手作圓相,相中書日字,僧無對,師問本淨
禪師:「汝以後見奇特言語如何?」淨曰:「無一念心
愛。」師曰:「是汝屋裡事。」

6.師與紫璘供奉論議,既陞座,供奉曰:「請師立義,某甲
破。」師曰:「立義竟。」供奉曰:「是什麼義?」師曰:
「果然不見,非公境界。」便下座。

一日師問紫璘供奉:「佛是什麼義?」曰:「是覺義。」師
曰:「佛曾迷否?」曰:「不曾迷。」師曰:「用覺作麼?」
又問:「如何是實相?」師曰:「把將虛底來。」曰:「虛
底不可得。」師曰:「虛底尚不可得,問實相作麼?」

7.肅宗問師得何法,師曰:「陛下見空中一片雲麼?」帝曰:
「見。」師曰:「釘釘著,懸掛著。」

又問:「如何是十身調御?」師乃起立曰:「還會麼?」
曰:「不會。」師曰:「與老僧過淨瓶來。」又曰:「如何
是無諍三昧?」師曰:「檀越蹋毘盧頂上行。」曰:「此意
如何?」師曰:「莫認自己作清淨法身。」

8.代宗曰:「師滅度後,弟子將何所記?」師曰:「告檀越造
取一所無縫塔。」曰:「就師請取塔樣。」師良久,曰:

「會麼？」曰：「不會。」師曰：「貧道去後，有侍者應真卻知此事。」……代宗後詔應真入內，舉問前語，真良久，曰：「聖上會麼？」曰：「不會。」真述偈曰：「湘之南，潭之北，中有黃金充一國，無影樹下合同船，瑠璃殿上無知識。」

以上我們之所以摘錄了慧忠國師的許多公案，原因有：

(1)從這些公案中，可以看出慧忠國師的思想，是「即心是佛」，強調以不著不求的方法，體現真我。

(2)據《傳燈錄》所載，似乎自慧忠國師開始，有意用機鋒妙語的公案方式來表達思想。雖然在慧能門下，像南嶽和青原，都有這種表現，但公案產量之多，卻比不上慧忠。

(3)慧忠國師的許多公案，都具有代表性，譬如前面所舉第一條以喚名字的方法，來喚醒真我，第五條以畫圓相來表達禪機，第六條以不說一字，來表現實相，這些都是以後禪師們所慣用的方法。尤其像第一條編入著名的公案書《無門關》中，第七、第八條被編入了《碧巖錄》中。

❷在這則公案裡，慧忠對大耳三藏的考驗，兩次都被他言中，而第三次卻使三藏罔然不知所對。原因何在？《傳燈錄》的附註中曾有兩段記載：

僧問仰山曰：「長耳三藏第三度為什麼不見國師？」仰山曰：「前兩度是涉境心，後入自受用三昧，所以不見。」

僧問趙州曰：「長耳三藏第三度不見國師，未審國師在什麼處？」趙州云：「在三藏鼻孔裡。」僧問玄沙：「既在鼻孔

裡，為什麼不見？」玄沙云：「只為太近。」

　　第一段中，仰山的看法是：因為前兩度慧忠的心藏在一處，黏著在外境上，所以被大耳三藏看出。第三度慧忠反觀內照，進入禪定，所以大耳三藏在外面找不到。第二段中，趙州的回答是在「三藏鼻孔裡」，玄沙的解釋是「只為太近」，這說明大耳三藏只向外求，而不能反觀內照，只見境，而不能明心。

　　這兩段話，雖然說法不同，但意思卻是一樣的，大耳三藏自誇有他心通，這是強調神通；慧忠前兩度要考驗三藏，把自己藏來藏去，也是強調神通。但神通在禪的境界中並非最高，所以慧忠兩度都藏不住，而大耳三藏第三度也罔然不知所措。

　　在《莊子‧應帝王》篇中，也有類似的故事：據說鄭國有位神巫精通相術，能知人的生死禍福，列子介紹他去見壺子，壺子考驗他，首先示以「地文」，被他看出了死氣，然後示以「天壤」，也被他看出了生機。再示以「太沖莫勝」，也就是和諧均平之氣，這時神巫已看不出一點痕跡，最後壺子示以「未始出吾宗，吾與之虛而委蛇，不知其誰何，因以為弟靡，因以為波流」。也就是說對內不離自性，即仰山所謂的「自受用三昧」，對外與之打成一片，即趙州所謂「在三藏鼻孔裡」。所以嚇得神巫不敢再看相，拔腿而逃。

　　從這則公案中，我們得到的教訓是，不要太強調他心通，一味的想知道別人；最重要的是要有自心通，要能知道自己。

第十三則　馬祖四說

僧問：「和尚為什麼說即心即佛？」師（馬祖道一）云：「為止小兒啼。」僧云：「啼止時如何？」師云：「非心非佛。」僧云：「除此二種人來，如何指示？」師云：「向伊道不是物。」僧云：「忽遇其中人來時如何？」師云：「且教伊體會大道。」（《傳燈錄》）

【案語】

❶馬祖道一禪師，俗姓馬，四川人，初習禪定，後拜南嶽為師。移住江西開元寺，入室弟子有一百三十餘人，其中著名者有百丈懷海，大珠慧海，石鞏慧藏，西堂智藏，麻谷寶徹，鹽官齊安，五洩靈默，大梅法常，歸宗智常，南泉普願，龐蘊居士等。

馬祖的思想，有兩個重點；一是強調「即心是佛」，如《傳燈錄》所載：

汝等諸人各信自心是佛，此心即是佛心。達摩大師從南天竺國來躬至中華，傳上乘一心之法，令汝等開悟。又引《楞伽經》文，以印眾生心地，恐汝顛倒，不自信此心之法各有之，故《楞伽經》云：「佛語心為宗，無門為法門。」又云：「夫求法者應無所求。」心外無別佛，佛外無別心，不取善，不捨惡，淨穢兩邊俱不依怙，達罪性空，念念不可得，無自性故，故三界唯心，森羅萬象，一法之所印。凡所見

色，皆是見心；心不自心，因色故有心。汝但隨時言說，即
事即理，都無所礙。菩提道果亦復如是。於心所生，即名為
色。知色空故，生即不生。若了此心，乃可隨時著衣喫飯，
長養聖胎，任運過時，更有何事。

其次是強調「平常心是道」，如《傳燈錄》所載：

道不用修，但莫污染。何為污染？但有生死心，造作趣向皆
是污染。若欲直會其道，平常心是道。謂平常心無造作，無
是非，無取捨，無斷常，無凡無聖。經云：非凡夫行，非聖
賢行，是菩薩行。只如今行住坐臥，應機接物，盡是道。道
即是法界，乃至何沙妙用不出法界。……性無有異，用則不
同。在迷為識，在悟為智。悟理為悟，順事為迷。迷即迷自
家本心，悟即悟自家本性。一悟永悟，不復更迷，如日出
時，不合於冥，智慧日出，不與煩惱暗俱，了心及境界，妄
想即不生，妄想既不生，即是無生法忍，本有今有，不假修
道坐禪，不修不坐，即是如來清淨禪。如今若見此理真正，
不造諸業，隨分過生，一衣一缽，坐起相隨，戒行增熏，積
於淨業，但能如是，何慮不通。

在這兩段話中，前者「即心是佛」，這是承繼了達摩諸祖以來
的明心見性的思想；而後者「平常心是道」，卻是開展了唐以後禪
宗應機接物，不離日用的中國特有的禪風。

❷在這則公案裡，馬祖是因對象的不同，而有不同的說法。所
謂「即心是佛」，是針對那些不在自心做工夫，而拼命向外求佛的
人所說的法。他們求佛就像小孩因得不到所希望的東西而啼哭一

樣，所以馬祖用「即心是佛」，使他們向內明心。所謂「非心非佛」，是針對前面那種人了解「即心是佛」的表面意義，執著自心，空思冥想，好像小孩吃了糖果後，雖然暫時不啼，可是一直留戀甜味，貪心再起，所以馬祖又用「非心非佛」，以掃其跡。除了以上兩種人外，另有種人，以自性為高，看輕萬物，這樣便有取捨之心，也是一執，所以馬祖又告訴他們「不是物」，使他們了解萬物都是道的體現。最後遇到真正有所得的人來，則不必講佛、講心、講物，只教他任運而行，自然應機接物，莫不是道。

　　以前四種應機說法，如果和前面我們曾敘述馬祖的思想作一比較，則前兩者，即是屬於「即心是佛」的思想，因「非心非佛」，乃「即心是佛」的補充。而後兩者即是屬於「平常心是道」的思想，因必須了解物不是物之後，才能從應機接物，去體會大道。

第十四則　石頭不失

師（青原行思）問曰：「子何方而來？」遷曰：「曹谿來。」師曰：「將得什麼來？」曰：「未到曹谿亦不失。」師曰：「恁麼用去曹谿作什麼？」曰：「若不到曹谿，爭知不失？」（《傳燈錄》）

【案語】

❶石頭希遷禪師，俗姓陳，廣東人，十二歲時，便歸依慧能，隨侍三年。當慧能將圓寂時，石頭曾請示將來依附何人，慧能回答「尋思去」，石頭誤解了慧能的意思，在慧能圓寂後，他便整日靜坐尋思。後來經人點明「尋思去」，乃是「尋青原行思去」的意思，於是他便去拜青原為師，所以他和青原的關係是介於師兄弟和師生之間，這則公案就是他第一次遇見青原時的對話。

前面我們曾說過南嶽和青原兩人接引學生的方法有所不同，南嶽善用啟發式，青原善用截斷式。同樣他們的弟子馬祖和石頭也有這種趨向，在《傳燈錄》中曾有兩段故事：

師（青原）令希遷持書與南嶽讓和尚，曰：「汝達書了速迴，吾有個鈯斧子與汝住山。」遷至彼，未呈書，便問：「不慕諸聖，不重己靈時如何？」讓曰：「子問太高生，何不向下問？」遷曰：「寧可永劫受沉淪，不從諸聖求解脫。」讓便休，遷迴至靜居，師問曰：「子去未久，送書達否？」遷曰：「信亦不通，書亦不達。」師曰：「作麼生？」遷舉前話了，

卻云：「發時蒙和尚許個鈯斧子，便請取。」師垂一足，遷
禮拜。

鄧隱峰辭師（道一），師云：「什麼處去？」對云：「石頭（希
遷）去。」師云：「石頭路滑。」對云：「竿木隨身，逢場作
戲。」便去。才到石頭，即繞床一匝，振錫一聲，問：「是
何宗旨？」石頭云：「蒼天！蒼天！」隱峰無語，卻迴。舉
似於師，師云：「汝更去，見他道蒼天，汝便噓噓。」隱峰
又去石頭，一依前問是何宗旨，石頭乃噓噓，隱峰又無語歸
來，師云：「向汝道石頭路滑。」

在第一段故事中，表現出南嶽的平實，和青原、石頭的機鋒高
峻；在第二段故事中，更表現出石頭的風格有如羚羊掛角，無跡可
尋。事實上，據《傳燈錄》所載，石頭的許多公案都是用截斷的方
法，如：

1. 門人道悟問：「曹谿意旨誰人得？」師曰：「會佛法人
　得。」曰：「師還得否？」師曰：「我不會佛法。」
2. 僧問：「如何是解脫？」師曰：「誰縛汝？」又問：「如何
　是淨土？」師曰：「誰垢汝？」問：「如何是涅槃？」師
　曰：「誰將生死與汝？」
3. 問：「如何是西來意？」師曰：「問取露柱。」曰：「學人
　不會。」師曰：「我更不會。」
4. 問：「如何是禪？」師曰：「碌磚。」又問：「如何是道？」
　師曰：「木頭。」
5. 道悟問：「如何是佛法大意？」師曰：「不得不知。」悟

曰：「向上更有轉處也無？」師曰：「長空不礙白雲飛。」

從這些公案中可以看出石頭都是用「不會」「不知」的對答或舉不相干的外境以斬斷對方向外攀緣之心。

青原的子弟不像馬祖那麼多，傑出的有天皇道悟，藥山惟儼，丹霞天然，招提慧朗，趙州大顛等。

❷石頭的思想也是強調「即心是佛」，如他說：

> 吾之法門，先佛傳授，不論禪定精進，唯達佛之知見，即心即佛，心佛眾生菩提煩惱名異體一，汝等當知自己心體離斷常，性非垢淨，湛然圓滿，凡聖齊同，應用無方，離心意識，三界六道，唯自心現，水月鏡像，豈有生滅，汝能知之，無所不備。

他曾留下一篇〈參同契〉，據說是讀僧肇《寶藏論》中「會萬物為己者，其祇聖人歟」一句話後，有感而說：「聖人無己，無所不為己，誰云自他耶？」因而著〈參同契〉一文，如下：

> 竺士大仙心，東西密相付；人根有利鈍，道無南北祖。靈源明皎潔，枝派暗流注；執事元是迷，契理亦非悟。門門一切境，迴互不迴互；迴而更相涉，不爾依位住。色本殊質異，聲元異樂苦；暗合上中言，明明清濁句。四大性自復，如子得其母；火熱風動搖，水濕地堅固。眼色耳音聲，鼻香舌鹹醋。然依一一法，依根葉分布，本末須歸宗，尊卑用其語。當明中有暗，勿以暗相遇；當暗中有明，勿以明相覩。明暗各相對，比如前後步；萬物自有功，當言用及處。事存函蓋合，理應箭鋒柱；承言須會宗，勿自立規矩。觸目不會道，

運足焉知路；進步非近遠，迷隔山河固，謹白參玄人，光陰
莫虛度。

雖然只有短短四百餘字，卻把禪理的哲學思想，發揮得淋漓盡
致。本文仍然以一心為根據，說明東西南北，此心相同，然後，以
「門門一切境，迴互不迴互」的華嚴無礙，及僧肇與莊子自在的境
界，說明一切的相融。最後再回到禪宗當體而悟的工夫。

❸本則公案裡，青原第一句問：「子何方而來？」是普通的問
話，所以石頭回答：「曹谿來。」而第二句問：「將得什麼來？」便
是特殊的問話，這在禪宗公案的格式中，往往都是問自性的。所以
石頭回答：「未到曹谿亦不失。」也就是說自性本來具足，並不因
為到了曹谿才有。這種問答的格式，在青原和石頭的對話中曾有類
似的情形，如：

> 他日師復問遷：「汝什麼處來？」曰：「曹谿來。」師乃舉拂
> 子曰：「曹谿還有這個麼？」曰：「非但曹谿，西天亦無。」
> 師曰：「子莫曾到西天否？」曰：「若到，即有也。」師曰：
> 「未在，更道。」曰：「和尚也須道取一半，莫全靠學人。」

本則公案的重點，在最後一句，當青原故意問：「恁麼用去曹
谿作什麼？」而石頭回答：「若不到曹谿，爭知不失？」這句話說
明了自性和覺悟的密切關係，自性雖然具足，但必須靠覺悟，才能
明自性。而覺悟除了自心的智慧外，還須靠明師的指點。

第十五則　百丈野鴨

師（百丈懷海）侍馬祖行次，見一群野鴨飛過，祖曰：「是什麼？」師曰：「野鴨子。」祖曰：「甚處去也？」師曰：「飛過去也。」祖遂把師鼻扭，負痛失聲，祖曰：「又道飛過去也？」師於言下有省，卻歸侍者寮，哀哀大哭，同事問曰：「汝憶父母邪？」師曰：「無。」曰：「被人罵邪？」師曰：「無。」曰：「哭作什麼？」師曰：「我鼻孔被大師扭得痛不徹。」同事曰：「有甚因緣不契？」師曰：「汝問取和尚去。」同事問大師曰：「海侍者有何因緣不契，在寮中哭，告和尚為某甲說。」大師曰：「是伊會也，汝自問取他。」同事歸寮，曰：「和尚道汝會也，教我自問汝。」師乃呵呵大笑，同事曰：「適來哭，如今為什麼卻笑？」師曰：「適來哭，如今笑。」同事罔然。次日馬祖陞堂，眾才集，師出，卷卻席，祖便下座，師隨至方丈，祖曰：「我適來未曾說話，汝為什便卷卻席？」師曰：「昨日被和尚扭得鼻頭痛。」祖曰：「汝昨日向甚處留心？」師曰：「鼻頭今日又不痛也。」祖曰：「汝深明昨日事。」師作禮而退。（《五燈會元》）

【案語】

❶百丈懷海禪師，俗姓王，福建人，自幼從北京西山慧照出家，後到南京隨馬祖道一禪師。得法後，住江西洪州大雄山，弟子傑出者，有黃檗希運，溈山靈祐等。

❷百丈的思想，非常切實。在中國禪宗史上，他有極重要的貢

獻，就是使百丈山成為有規制的叢林，根據中國僧徒的實際需要，訂定了禪門的規式，即今所謂的「百丈清規」。他說：

> 吾所宗非局大小乘，非異大小乘，當博約折中，設於制範，務其宜也，於是創意，別立禪院。……不立佛殿，唯樹法堂者，表佛祖親囑受，當代為尊也。……其閤院大眾朝參夕聚，長老上堂陞堂主事，徒眾雁立側聆，賓主問酬激揚宗要者，示依法而住也，齋粥隨宜，二時均徧者，務於節儉，表法食雙運也。行普請法，上下均力也……

從這段話中可以看出百丈訂立的叢林規矩，是參考印度禮儀，因時制宜的。屬於開創性者，為設立禪院，強調自耕而食。這是使中國的禪宗脫離了印度宗教的樊籬。

❸這則公案，正像一個三幕的劇本：

第一幕是馬祖和百丈在郊外散步，馬祖借野鴨子來啟發百丈。馬祖問「是什麼」、「甚處去也」都是普通的問話，而當馬祖用手扭百丈的鼻子問「又道飛過去也」時，乃是特殊的手法，是問：「難道自性也跟著飛走了嗎？」平常，我們的心都是跟著外境而走，很少想到真我的存在，當馬祖扭痛了百丈的鼻子時，才覺悟到自體的存在。

第二幕是百丈和師兄弟間的談話。當師兄弟們問他：「適來哭，如今為什麼卻笑？」百丈卻回答：「適來哭，如今笑。」這句話在表面上好像根本沒有回答，事實上卻是最好的回答。因為師兄弟們問為什麼哭，為什麼笑，這都是執著於外境，百丈答以「適來哭，如今笑」，即是痛了就哭，快樂了就笑，這是自然現象，是《中庸》所謂的「喜怒哀樂發而皆中節，謂之和」，也是禪宗所謂「茶來喝

茶，飯來吃飯」。

第三幕是在法堂上，百丈主動以「卷卻席」來表示自己的悟道。當馬祖問他「汝昨日向甚處留心」時，他卻答以「鼻頭今日又不痛也」。說明痛與不痛都只是現象，自性始終不變。在這裡百丈得到了馬祖的印可。

第十六則　大珠用功

有源律師來問：「和尚修道，還用功否？」師（大珠慧海）曰：「用功。」曰：「如何用功？」師曰：「饑來吃飯，困來即眠。」曰：「一切人總是如是，同師用功否？」師曰：「不同。」曰：「何故不同？」師曰：「他吃飯時不肯吃飯，百種須索；睡時不肯睡，千般計較。」（《傳燈錄》）

【案語】

❶大珠慧海禪師，俗姓朱，福建人。他初參馬祖時，馬祖曾責他：「自家寶藏不顧，拋家散走作什麼？」自此以後，隨侍馬祖。承接了「平常心是道」的思想。

❷大珠的思想有莊子之風，如他說：

> 太虛不生靈智，真心不緣善惡，嗜欲深者機淺，是非交爭者未通，觸境生心者少定，寂寞忘機者慧沉，傲物高心者我壯，執空執有者皆愚，尋文取證者益滯，苦行求佛者俱迷，離心求佛者外道，執心是佛者為魔。

我們說他有莊子之風，並不一定暗示他的思想受莊子的影響，而是說他在某些意境上，和莊子相通。如「嗜欲深者機淺」，在《莊子‧大宗師》篇中便有「其嗜欲深者其天機淺」的話。「傲物高心者我壯」，在《莊子‧天下》篇中也有「不傲倪於萬物」的話。

大珠又說：

馬鳴祖師云：「所言法者，謂眾生心。」心生故一切法生，若心無生，法無從生，亦無名字，迷人不知法身無象，應物現形。遂喚青青翠竹總是法身，鬱鬱黃花無非般若，黃花若是般若，般若即同無情，翠竹若是法身，法身即同草木，如人喫筍，應總吃法身也，如此之言，寧堪齒錄，對面迷佛，長劫希求，全體法中迷而外覓，是以解道者行住坐臥無非是道，悟法者縱橫自在無非是法。

這段話中大珠批評「青青翠竹總是法身，鬱鬱黃花無非般若」的誤解，這種誤解與一般讀《莊》者誤解莊子「物化」之意是一樣的，莊子的「物化」，並不是把人變成了物，或把人下降到物的層面中去變化，而是把物提高到精神層面上，也把人提昇到精神層面，去一齊共化。所以關鍵之處，必須修成了真人，才能談物化。同樣大珠的意思也是先要見佛性之後，才能行住坐臥莫非是道。率口而言翠竹即法身，黃花即般若，都是欺人之談，就像執心是佛一樣，反而變成了魔。

❸大珠接引學生，是用一種極有理性的哲學方法，類似於蘇格拉底的產婆法，如：

僧又問：「師說何法度人？」師曰：「貧道未曾有一法度人。」曰：「禪師家渾如此？」師卻問曰：「大德說何法度人？」曰：「講《金剛般若經》。」師曰：「講幾座來？」曰：「二十餘座。」師曰：「此經是阿誰說？」僧抗聲曰：「禪師相弄，豈不知是佛說耶？」師曰：「若言如來有所說法，則為謗佛，是人不解我所說義。若言此經不是佛說，則是謗經。請大德說看？」無對，師少頃又問：「經云：若以色見

我，以音聲求我，是人行邪道，不能見如來，大德且道阿那
個是如來？」曰：「某甲到此卻迷去。」師曰：「從來未悟，
說什麼卻迷。」

❹在這則公案裡，提出了馬祖系統的禪師們所強調的平常心是
道的思想，即饑來吃飯，困來即眠。可是後代的學禪者往往在此產
生誤解，以為這是件非常簡單的事，只要開口吃飯，閉眼睡覺就可
以了。其實他們卻不知道，真正要達到平常心，是必須經過無數不
平常的修持。「饑來吃飯，困來即眠」乃是一種平常心的境界而已。

誠如大珠所說，吃飯睡覺是多麼簡單的事，可是今天究竟有多
少人能舒舒服服的吃飯，安安逸逸的睡覺。否則社會上便不會有那
麼多人在鬧胃病，鬧失眠症了。可見吃飯、睡覺是最平常的事，卻
並不是最簡單的事。

當大珠被問到如何用功時，他回答：「饑來吃飯，困來即眠。」
如果當時我在場，卻要問他：「不饑、不困時怎麼辦？」諸位，試
參參看。

第十七則　西堂鼓角

李尚書翱嘗問僧：「馬大師有什麼言教？」僧云：「大師或說：即心即佛，或說非心非佛。」李云：「總過這邊。」李卻問師（西堂智藏）：「馬大師有什麼言教？」師呼李翱，翱應諾，師云：「鼓角動也。」（《傳燈錄》）

【案語】

❶李翱，字習之，唐趙郡人，為韓愈子弟，著《復性書》，融佛儒於一爐。西堂智藏，俗姓廖，江西人，八歲出家，後隨馬祖道一禪師。

西堂智藏，與百丈懷海，南泉普願同為道一的傑出弟子，當時稱為入室三大士，而他們三人的風格有別，《傳燈錄》中曾記載說：

一夕三士隨侍馬祖玩月次，祖曰：「正恁麼時如何？」西堂云：「正好供養。」師（懷海）云：「正好修行。」南泉拂袖便去，祖云：「經入藏，禪歸海，唯有普願獨超物外。」

所謂「經入藏」者，即指西堂的思想比較切實，在經教方面可以發揮，又如：

馬祖一日問師云：「子何不看經？」師云：「經豈異耶？」祖云：「然雖如此，汝向後為人也須得。」曰：「智藏病思自養，敢言為人。」祖云：「子末年必興於世也。」

在這裡可看出馬祖勸西堂重視經籍的一面。

❷這則公案有兩部分：

第一部分是李翱問某僧徒關於馬祖大師以何法教人，該僧率直的答以「即心即佛」，或「非心非佛」，而李翱卻說「總過這邊」。所謂這邊即是指的真理，或自性。李翱對於佛法已有相當的認識，所以敢批評「即心即佛」，或「非心非佛」兩種說法，過猶不及，總覺有點隔靴騷癢，騷不著癢處。也許李翱在馬祖的教法中，已不屬於前兩種人，而是屬於後兩種人，該「向伊道不是物」，或「教伊體會大道去」。

第二部分是李翱請教西堂時，西堂已知道李翱對於佛學的理論已有相當的了解，所以便直呼他的姓名，當李翱回答時，他便說：「鼓角動也。」所謂鼓角就是發動的號角，號角聲起，也就是指自性動了。所以西堂用直呼名字的方法，告訴李翱：馬祖的言教，乃是直指自性。

❸這種直呼姓名以喚出自性的方法，馬祖禪師曾經用過，如：

> 有一講僧來問云：「未審禪師傳持何法？」師卻問云：「座主傳持何法？」彼云：「忝講得經論二十餘本。」師云：「莫是師子兒否？」云：「不敢。」師作噓噓聲。彼云：「此是法。」師云：「是什麼法？」云：「師子出窟法。」師乃默然。彼云：「此亦是法。」師云：「是什麼法？」云：「師子在窟法。」師云：「不出不入是什麼法？」無對。遂辭出門，師召云：「座主！」彼即迴首，師云：「是什麼？」亦無對，師云：「這鈍根阿師。」

馬祖喊「座主」，即是不出不入的自性法。

此後在禪師中，用呼喊姓名，以喚出自性的公案很多，如：

1. 「于（頔）公又問：『如何是佛？』師（馬祖弟子道通）喚：『于頔！』頔應諾，師云：『更莫別求。』」

2. 「師（道一弟子智堅）吃飯次，南泉收生飯云：『生。』師云：『無生。』南泉云：『無生猶是末。』南泉行數步，師召云：『長老，長老！』南泉迴頭云：『怎麼？』師云：『莫道是末。』」

3. 「石頭（希遷）隨後逐至門外，召云：『闍黎闍黎！』師迴首，石頭云：『從生至老，祇是這個，又迴頭轉腦作什麼！』」

4. 「師（汾州無業）又問：『如何是祖師西來密傳心印？』祖（道一）曰：『大德正鬧在，且去別時來。』師才出，祖召曰：『大德！』師迴首，祖云：『是什麼？』師便領悟。」

5. 「宣州陸亘大夫，初問南泉曰：『古人瓶中養一鵝，鵝漸長大，出瓶不得，如今不得毀瓶，不得損鵝，和尚作麼生出得？』南泉召曰：『大夫！』陸應諾，南泉曰：『出也。』陸從此開解。」

第十八則　大梅熟也

大寂（馬祖道一）聞師（大梅法常）住山，乃令一僧到問云：「和尚見馬師得個什麼便住此山？」師云：「馬師向我道即心是佛，我便向這裡住。」僧云：「馬師近日佛法又別。」師云：「作麼生別？」僧云：「近日又道：非心非佛。」師云：「這老漢惑亂人未有了日，任他非心非佛，我只管即心即佛。」其僧迴，舉似馬祖，祖云：「大眾，梅子熟也。」（《傳燈錄》）

【案語】

❶大梅法常禪師，俗姓鄭，湖北人。幼年出家，後至馬祖道一處問：「如何是佛？」馬祖回答：「即心是佛。」因而大悟。

大梅自馬祖處悟「即心是佛」後，即以此教人，曾說：

> 若欲識本，唯了自心，此心元是一切世間出世間法根本，故心生種種法心，心滅種種法滅，心但不附一切善惡而生，萬法本自如如。

在這段話裡，他從「唯了自心」，說到「萬法本自如如」，這正是禪宗內見自家本來面目，外明萬物本地風光的思想，所以在他臨終時，聞鼯鼠聲，即對弟子說：「即此物，非他物，汝等諸人善自護持之。」

這是證萬物的本自如如。

❷關於馬祖「即心是佛」、「非心非佛」的言教，始終為馬祖的

弟子們所談論的一大主題，如：

> 即心即佛是無病求病句，非心非佛是藥病對治句。（伏牛自在禪師）

> 若言即心即佛，今時未入玄微；若言非心非佛，猶是指蹤之極則。（盤山寶積禪師）

> 一日有大德問師（南泉普願）曰：「即心是佛，又不得，非心非佛，又不得，師意如何？」師云：「大德且信即心是佛便了，更說什麼得與不得。」

　　其實「即心是佛」，本是禪宗思想的中心旨趣。馬祖另外說「非心非佛」、「不是物」，及「體會大道」等，也都是輔助學禪者真正了解「即心是佛」的道理。禪宗標榜「無門為法門」。事實上也就是說任何一個門，只要走對了，都可以進去。所以大梅不管馬祖以後再講些什麼，認定「即心是佛」去做工夫。

　　在這裡我們要特別注意，任何方法，走通了都能見道；反之，過分執著，也都是障礙。百丈慧海禪師曾說：「執心是佛者為魔。」可是為什麼大梅的「我只管即心即佛」，而馬祖卻印可他說「梅子熟也」？問題關鍵在於大梅初參馬祖時，馬祖告訴他「即心是佛」，他便大悟，也就是說他對於「即心是佛」的道理，已得到證悟。以後的「我只管即心即佛」，乃是悟後的護念，並不是一種執著。

第十九則　南泉斬貓

　　師（南泉普願）因東西兩堂各爭貓兒，師遇之，白眾曰：「道得即救取貓兒，道不得即斬卻也。」眾無對，師便斬之。趙州自外歸，師舉前語示之，趙州乃脫履安頭上而出，師曰：「汝適來若在，即救得貓兒也。」（《傳燈錄》）

【案語】

　　❶南泉普願禪師，俗姓王，河南人。先從大隗山大慧受業，三十歲至嵩嶽受戒，曾習法相、楞伽、華嚴等思想，後依馬祖道一。禪門中常稱他為王老師。

　　南泉禪師和百丈、西堂，同為馬祖門下的三大士，馬祖對他的評語是超然物外，也就是說他的思想比較灑脫。

　　他常講「心不是佛，智不是道」。曾引起弟子的誤會，以為他的思想和馬祖有出入，如《傳燈錄》上所載：

　　時有僧問：「從上祖師至江西大師皆云：即心是佛，平常心是道。今和尚云：心不是佛，智不是道。學人悉生疑惑，請和尚慈悲指示。」師乃抗聲答曰：「你若是佛，休更涉疑卻問老僧，何處有恁麼傍家疑佛來，老僧且不是佛，亦不曾見祖師，你恁麼道，自覓祖師去。」曰：「和尚恁麼道，教學人如何扶持得？」師曰：「你急手托虛空著。」曰：「虛空無動相，云何托？」師：「你言無動相，早是動也。虛空何解

道我無動相，此皆是你情見。」曰：「虛空無動相尚是情見，前遣某甲托何物？」師曰：「你既知不應言托，擬何處扶持他？」曰：「即心是佛既不得，是心作佛否？」師曰：「是心是佛，是心作佛，情計所有，斯皆想成，佛是智人，心是采集主，皆對物時他便妙用，大德莫認心認佛，設認得，是境，被他喚作所知愚，故江西大師云：不是心，不是佛，不是物，且教你後人怎麼行履，今時學人披個衣服傍家疑怎麼閑事，還得否？」

從這段話中可以看出南泉雖然不講「即心是佛」，但他的「心不是佛」，事實上，也即是「非心非佛」的意思。至於他所謂「智不是道」，是說用智去求，便不是大道，也正是「平常心是道」之意。

❷這則公案有兩部分：

第一部分是兩堂爭貓，南泉說：「道得即救取貓兒，道不得即斬卻也。」結果兩堂的和尚都道不得，於是南泉便辣手斬貓。這個故事很簡單，《傳燈錄》沒有載明南泉要僧徒們道什麼？我們也無從知道。不過南泉斬貓的意旨卻非常明顯，因為兩堂的僧徒都是出家人，既然出家，便應四大皆空，什麼物欲都應捨棄，豈能再為一隻貓兒爭執不休，所以理當該斬。不過斬，是斬的物欲，可憐的貓兒卻做了冤死鬼。後人曾以此責怪南泉不該殺生，林泉老人在《空谷集》中曾替南泉辯解，認為這是「南泉大用」，不能以狹劣之見，誣謗古人。然而佛家最重要的戒律是禁殺生，無論南泉用什麼方法來啟發僧徒，總不能無故殺生。所以筆者懷疑《傳燈錄》等書上所謂斬之，是否象徵式的以手斬之，正如禪師的「棒之」，有時只是

舉一舉禪板，並沒有狠狠的打下去。如果南泉真個以刀斬貓，總有損佛家慈悲之教。

　　第二部分，當趙州從諗脫履安頭上而出，南泉則以為他道得，貓兒可以得救。究竟趙州的意旨是什麼？如果我們認為南泉斬貓有點過分，那麼趙州的作法便很明顯了，因為趙州把履放在頭上，是一種顛倒的作法，也就是暗喻既然出了家，還要爭一隻貓，豈不是顛倒，所以南泉認為趙州答對了。如果我們再進一步想一想，南泉為了破物執，卻犧牲了殺戒，豈不也是一種顛倒嗎？是否趙州的這把雙鋒的利刃，同時斬除了兩堂和尚的迷執外，也斬斷了南泉的葛藤呢！恐怕只有南泉和趙州兩人知道吧！

第二十則　龐蘊江水

　　（龐蘊）參問馬祖云：「不與萬法為侶者，是什麼人？」祖（馬祖）云：「待汝一口吸盡西江水，即向汝道。」居士言下頓領玄要。（《傳燈錄》）

【案語】

　　❶龐蘊居士，字道玄，湖南人，家世以儒為業，但龐居士卻偏愛佛理，曾參石頭，後印證於馬祖，這則公案乃是他在馬祖處悟道之作。

　　龐居士雖然未曾剃度出家，但在禪宗文獻中的地位卻非常高。雖然在禪宗文獻裡，也曾提到許多居士，如李翱、白居易、陸亙大夫等，他們參插在禪師們的公案中，都是扮演問話的角色，都是當作被呵責的對象。可是龐居士卻儼然以禪師的姿態在馬祖的嫡嗣中別立一章，可見他在禪門中的地位了。

　　龐居士的思想非常灑脫，自他在馬祖處得到印證後，便把家中所有珍寶用船載到江上，拋入水中。為什麼他不用這些金錢去佈施眾生？歷來曾有不少人這樣的懷疑過？也有傳說，他的夫人曾勸他以金錢去佈施，但他認為佈施並非究竟，有了金錢容易作惡，所以不如沉之江底。不論這種傳說的可靠性如何，龐居士的作法迥異於一般信士，實有隱逸之風。

　　龐居士另一怪異之行，乃是全家信佛，而不婚娶，如他說：「有男不婚，有女不嫁，大家團欒，共說無生話。」而全家個個都

有成就，所以後人都以中國的維摩詰居士稱之。

　　龐居士留下了許多語錄和詩偈，就詩味來說，雖然不如唐代其他大詩人那麼濃郁，但以佛理來說，卻都是非常有深度之作，如：

> 未識龍宮莫說珠，從來言說與君殊；空拳祇是嬰兒信，豈得將來詑老夫。

> 但自無心於萬物，何妨萬物常圍繞，鐵牛不怕獅子吼，恰似木人見花鳥。木人本體自無情，花鳥逢人亦不驚，心境如如祇個是，何慮菩提道不成。

> 心如即是坐，境如即是禪，如如都不動，大道無中邊，若能如是達，所謂火中蓮。

　　❷在這則公案裡，龐蘊居士問馬祖的問題，在他初參石頭時也曾提出過，據《指月錄》的記載是：

> 謁石頭，乃問：「不與萬法為侶者，是什麼人？」頭以手掩其口，豁然有省。

　　這種截斷式的教授法，乃是石頭的傑作。龐居士究竟省個什麼，就不得而知了。不過顯然他並未大悟，心中曾存疑慮，所以因丹霞的介紹特別去參見馬祖時，又重提出來，以求印證。現在我們推敲這個公案，佛學中的法是指一切的理，一切的事，一切的物，所以萬法也可概括的說是萬物；侶是指伴侶，也就是對偶的意思。因此不與萬法為侶者乃是指不和萬物為伍，也就是指不落現象界的意思。說清楚點，也就是問什麼是佛？石頭的回答比較簡捷，用手把住他的嘴，就是遮斷他的問題，因為一落言詮，便不是佛。至於

馬祖的回答，比較婉轉了一點，所謂「一口吸盡西江水」，這是不可能的事。馬祖用這種方法來回答也許有兩種解釋，一是認為這問題根本不能問，其作用正像石頭以手捫嘴一樣；一是認為這問題根本是錯的，因為佛不離萬法。

❸歷來關於這則公案，有很多詩頌：

1. 「一口吸盡西江水，萬古千今無一滴；要須黨理不黨親，馬祖可惜口門窄。」（白雲端）

2. 「吸盡西江向汝道，馬師家風不草草；截流一棹破煙寒，天水同秋清渺渺。」（天童覺）

3. 「一口吸盡西江水，洛陽牡丹新吐蕊，簸土揚塵無處尋，撞眄撞著自家底。」（五祖演）

4. 「一口吸盡西江水，鷓鴣啼在深花裡，自有知音笑點頭，由來不入聾人耳。」（寶峰照）

第二十一則　天皇問法

道悟問：「如何是佛法大意？」師（石頭）曰：「不得不知。」悟曰：「向上更有轉處也無？」師曰：「長空不礙白雲飛。」（《傳燈錄》）

【案語】

❶天皇道悟，俗姓張，浙江人，初從浙江明州大德出家，後隨徑山道欽五年，又參馬祖二年，最後在石頭處隨侍十年，始真正悟道。

天皇禪師沒有留下多少文獻，他在石頭處得到頓悟的因緣是這樣的：

乃謁石頭遷大師而致問曰：「離卻定慧以何法示人？」石頭曰：「我這裡無奴婢，離個什麼？」曰：「如何明得？」曰：「汝還撮得空麼？」曰：「恁麼即不從今日去也。」石頭曰：「未審汝早晚從那邊來？」曰：「道悟不是那邊人。」石頭曰：「我早知汝來處。」曰：「師何以贓誣於人？」石頭曰：「汝身見在。」曰：「雖如是，畢竟如何示於後人？」石頭曰：「汝道阿誰是後人？」師從此頓悟。

從這段對話中，有幾個重點的句子，如「無奴婢」、「那邊來」、「汝身見在」、「誰是後人」。這些都是表明絕對本體就是自性，自性當前即在，無所謂過去、未來。

❷這則公案有兩部分：

第一部分是當天皇問「如何是佛法大意」時，石頭回答說：「不得不知。」這種用遮斷方法來回答，乃是石頭慣用的手法。其目的就是打斷對方向外攀緣之心，因為佛法不是一種知識，而是一種內心的工夫。所以問「佛法大意」乃是在文字上求知解，石頭便給道悟吃了一個閉門羹。

第二部分是天皇問「向上還有轉處也無」，可見他對於石頭的回答已有省悟，知道向外（也是一種向下）求佛法大意，是此路不通，所以他接著便問向上一路，是否可以走得通，也就是問求佛法大意既然不可，那麼在心上是否還有向上的工夫。石頭回答說：「長空不礙白雲飛。」這句話表面上看，好像是遮斷式的，而事實上卻是無中有路。因為長空表示真空，不礙白雲飛，表示無障無礙，一切自在之意。所以石頭這一句好像莫不相關的話，實際上乃是借外鏡以暗喻道的自在性。

❸關於問「佛法大意」，幾乎已成為禪公案中的一種特殊格式，如：

僧問：「如何是佛法大意？」

青原：「廬陵米作麼價？」

大梅：「蒲花柳絮竹針麻線。」

佛嶼（馬祖子弟）：「賊也，賊也。」

烏臼（馬祖子弟）：「春日雞鳴。」

黑眼（馬祖子弟）：「十年賣炭漢，不知秤畔星。」

第二十二則　丹霞焚佛

於慧林寺遇天大寒，師（丹霞天然）取木佛焚之，人或譏之，
師曰：「吾燒取舍利。」人曰：「木頭何有？」師曰：「若爾者，何
責我乎？」（《傳燈錄》）

【案語】

❶丹霞天然禪師，姓籍不詳，初習儒學，後來在進京趕考途
中，遇到一位禪學者，傾談之下，便決心學禪，先參馬祖，後歸石
頭門下。又至馬祖處印證。

丹霞禪師的思想極為超逸，他曾對僧徒說：

> 阿你渾家切須保護，一靈之物不是你造作名貌得，更說什麼
> 薦與不薦。吾往日見石頭和尚，亦只教切須自保護。此事不
> 是你談話得，阿你自家各有一坐具地，更疑什麼禪。可是你
> 解底物，豈有佛可成。佛之一字永不喜聞，阿你自看善巧方
> 便，慈悲喜捨不從外得，不著方寸，善巧是文殊，方便是普
> 賢，你更擬趁逐什麼物？不用經求落空去，今時學者紛紛擾
> 擾皆是參禪問道，吾此間無道可修，無法可證，一飲一啄，
> 各自有分，不用疑慮，在在處處有恁麼底，若識得，釋迦即
> 者凡夫是，阿你須自看取，莫一盲引眾盲，相將入火坑，夜
> 裡闇雙陸，賽彩若為生？無事，珍重。

❷在這則公案裡，丹霞以一位禪師的身分，居然親自燒木佛以

取暖，這在一般宗教的眼中，無異是叛教的行為，可是在禪宗的文獻裡卻大書特書，變成了一則著名的公案。究竟是何原因？如果我們依照這則公案的對話來看，問題似乎很簡單，因為木佛沒有舍利、所以可焚；也就是說木佛只是偶像，沒有佛性，所以能燒。這種行為在禪宗的文獻裡，並不希奇，像呵佛罵祖之事，經常出現。其目的都是要我們打破心中的執著。

不過焚木佛的舉動，畢竟只是一劑劇毒的瀉藥。如果能對症下藥，當然可以針砭沉痾；但如果吃得不當，或多吃了，反而變成了催命的毒藥。所以這種焚木佛的境界固然很高，但其行為卻只許丹霞有一次；丹霞自己用多了，或後人盲目的模倣，都將變為狂禪。

第二十三則　藥山不為

　　一日，師（藥山惟儼）坐次，石頭覩之，問曰：「汝在這裡作麼？」曰：「一切不為。」石頭曰：「恁麼即閑坐也？」曰：「若閑坐即為也。」石頭曰：「汝道不為，且不為個什麼？」曰：「千聖亦不識。」石頭以偈讚曰：「從來共住不知名，任運相將只麼行，自古上賢猶不識，造次凡流豈敢明。」

【案語】

　　❶藥山惟儼禪師，俗姓韓，山西人，十七歲從廣東潮陽西山慧照禪師出家，後在湖南石頭處密證心法，又至馬祖處印證。四十一歲入湖南藥山佈法弘道。

　　藥山禪師的風格，雖然承繼了青原的系統，但他卻不像青原，和石頭一樣常以「不會」、「不知」的遮斷手法，把問題打回去，他常以玄言玄語，一半遮斷，一半肯定的方法去點悟學生，如：

　　有僧再來依附，師問：「阿誰？」曰：「常坦。」師呵曰：「前也是常坦，後也是常坦。」

　　師坐次，有僧問：「兀兀地思量什麼？」師曰：「思量個不思量底。」曰：「不思量底如何思量？」師曰：「非思量。」

　　有僧問：「和尚尋常不許人看經，為什麼卻自看？」師曰：「我只圖遮眼。」曰：「某甲學和尚，還得也無？」師曰：

　　「若是汝，牛皮也須看透。」

　　藥山和韓愈的弟子李翱相識，而留下了許多著名的公案，如：

　　朗州刺史李翱嚮師玄化，屢請不起，乃躬入山謁之，師執經
　　卷不顧，侍者白曰：「太守在此。」翱性褊急，乃言曰：「見
　　面不如聞名。」師呼太守，翱應諾，師曰：「何得貴耳賤
　　目？」翱拱手謝之，問曰：「如何是道？」師以手指上下曰：
　　「會麼？」翱曰：「不會。」師曰：「雲在青天水在瓶。」翱
　　乃欣愜作禮而述一偈曰：「練得身形似鶴形，千株松下兩函
　　經。我來問道無餘說，雲在青天水在瓶。」

　　翱又問：「如何是戒定慧？」師曰：「貧道這裡無此閒家
　　具。」翱莫測玄旨，師曰：「太守欲得保任此事，直須向高
　　高山頂坐，深深海底行，閨閣中物捨不得，便為滲漏。」

　　❷在這則公案裡，提出了有關坐禪的一個重要問題，就是在坐
禪時，要「一切不為」，也就是不要想達到什麼境界，甚至不要想
成佛，因為一有想念，便成執著。可是許多學禪的人，又執著於
「一切不為」，而變成了兀然枯坐，所以藥山說「閒坐即為也」。因
為這樣的閒坐，毫無心性上的工夫，又豈能證道。於是石頭便緊跟
著問：「不為個什麼？」這說明了「不為」並不是什麼都不做，而
是一種工夫。藥山回答說：「千聖亦不識。」這句話比較曖昧，可
能的解釋是指這個由「不為」的工夫所欲證的道體，是從來千聖所
無法用言語文字所表達的。
　　本則公案的主題，不在研究這個「千聖亦不識」的道體，而是
在提醒我們，不要流於兀然枯坐，要在一切不為處「為」；要在「無
所住」處，而生其心。

第二十四則　趙州問道

（趙州從諗）問南泉：「如何是道？」南泉曰：「平常心是道。」師曰：「還可趣向否？」南泉曰：「擬向即乖。」師曰：「不擬時如何是道？」南泉曰：「道不屬知不知，知是妄覺，不知是無記，若是真達不疑之道，猶如太虛，廓然虛豁，豈可強是非耶？」（《傳燈錄》）

【案語】

❶趙州從諗禪師，俗姓郝，山東人，從小出家，後參南泉，六十歲以後，住河北趙州觀音院，大振禪風。

趙州禪師從南泉承繼了「平常心是道」的思想後，形成了他特有的家風，即是當僧徒向他問佛、問道時，他常以日用生活，或眼前最平凡的現境來答覆，如：

> 僧問：「如何是學人自己？」師云：「吃粥了也未？」僧云：「吃粥也。」師云：「洗缽去。」

在這裡，趙州要僧徒「吃粥」、「洗缽」，乃是指點學生道在日常生活中，又如：

> 僧問：「萬法歸一，一歸何所？」師云：「老僧在青州作得一領布衫重七斤。」

「萬法歸一，一歸何所？」這是一個多麼玄妙的問題，而趙州

卻以極平凡的現境——在青州作得一領布衫重七斤——來答覆，其
目的也就是顯示道無所不在。

由此可見把玄妙寄託於平凡，正是趙州禪的風格，如：

> 僧問：「如何是玄中玄？」師云：「汝玄來多少時耶？」僧
> 云：「玄之久矣。」師云：「闍黎若不遇老僧，幾被玄殺。」

趙州的手法，就是要把學禪的人從「玄殺」中救了出來，他也
曾一再向僧徒強調自己的方法說：

> 如明珠在掌，胡來胡現，漢來漢現，老僧把一枝草為丈六金
> 身用；把丈六金身為一枝草用，佛是煩惱，煩惱是佛。

> 金佛不度鑪，木佛不度火，泥佛不度水，真佛內裡坐，菩提
> 涅槃真如佛法盡是貼體衣服，亦名煩惱。不問，即無煩惱。
> 且實際理地什麼處著得，一心不生，萬法無咎，汝但究理坐
> 看三二十年，若不會道，截取老僧頭去。

所謂丈六金身即佛性，而一枝草即是此肉身，或任何現境，這
也就是說他能點鐵成金，使一切法都成佛法，如：

> 僧問：「如何是佛？」師云：「殿裡底。」僧云：「殿裡者豈
> 不是泥龕塑像？」師云：「是。」僧云：「如何是佛？」師
> 云：「殿裡底。」

> 時有僧問：「承師有言，世界壞時此性不壞，如何是此性？」
> 師曰：「四大五陰。」僧云：「此猶是壞底，如何是此性？」
> 師云：「四大五陰。」

殿裡底雖然是木像，四大五陰雖然是假相，但在趙州的手法下，都是法身，都是實相。

❷「平常心是道」的思想，自馬祖提出之後，即影響了以後整個禪宗思想，不過把「平常心」當作中心旨趣，形成家風的，卻是南泉和趙州師徒。

「平常心是道」這句話有兩層意義：

第一層意義是當學僧問道時，答以平常心。這和六祖所謂「問聖以凡對」是相同的格式，因為照一般的理解，道是最高的，平常心是較低的，所以這種回答的目的，乃是打破對方的差別相。如果當南泉答以「平常心是道」時，趙州不再提出問題，那麼趙州的了解，顯然只有這一層面的意義。不過趙州是位極有智慧的禪師，他不甘於如此默默的退下，所以便緊跟著問：「還可趣向否？」這一問便逼得南泉說出了第二層面的意義。

第二層面的意義是指這個「平常心」並不是一般禪師常用來遮斷對方思想的一個莫不相干的外境，如木石、甎瓦。平常心乃是現成的真心，是超越了知與不知的。所謂知，就是思慮，凡是把道形而上化，看得高深莫測的，都是屬於知。所謂不知，就是斷滅心思，凡是執空之人，把道真個看作木石、甎瓦，就是屬於不知。所以真正的平常心，乃是這個活活潑潑的現成真心。

❸關於這則公案，無門慧開和尚在《無門關》中曾說：

> 南泉被趙州發問，直得瓦解冰消，分疏不下。趙州縱饒悟去，更參三十年始得。

又頌說：

春有百花秋有月，夏有涼風冬有雪；
若無閒事掛心頭，便是人間好時節。

後面這首頌即是平常心的境界，但要達到這種境界，又豈是那麼簡單之事，無門和尚認為即使趙州，也須參三十年始得，何況我們這些芸芸眾生。所以平常心雖然平常，還須痛下工夫始得。

❹關於問：「如何是道」的公案，在禪宗的語錄中也非常多，而且有各種不同的答案，如：

1. 僧問：「如何是道？」盤山寶積曰：「出。」僧曰：「學人未領旨在？」師曰：「去。」

2. 僧問：「如何是道？」興善惟寬曰：「大好山。」僧云：「學人問道，師何言好山？」師云：「汝只識好山，何曾達道？」

3. 問：「如何是道？」希遷曰：「木頭。」

4. 僧：「如何是道？」趙州：「牆外底。」僧：「不問這個？」趙州：「問甚麼道？」僧：「大道。」趙州：「大道通長安。」

第二十五則 長沙竿頭

　　師（長沙景岑）遣一僧去問同參會和尚云：「和尚見南泉後如何？」會默然。僧云：「和尚未見南泉已前作麼生？」會云：「不可更別有也。」僧迴舉似師，師示一偈曰：「百丈竿頭不動人，雖然得入未為真；百丈竿頭須進步，十方世界是全身。」僧問：「只如百丈竿頭如何進步？」師云：「朗州山，澧州水。」僧云：「請師道？」師云：「四海五湖皇化裡。」（《傳燈錄》）

【案語】

　　❶長沙景岑禪師，長沙人，生平不詳。自幼出家，為南泉弟子。

　　長沙的思想繼承了南泉「平常心是道」的血脈，如：

　　　僧問：「如何是平常心？」師云：「要眠即眠，要坐即坐。」
　　　僧云：「學人不會。」師云：「熱即取涼，寒即向火。」

　　長沙把「平常心」解作「要眠即眠，要坐即坐」的作用，就是強調一切順乎自然，依於本性。他這種思想，和南泉、趙州是一致的。他接引學生的特色，也都是隨機對境而說法，如：

　　　僧問：「如何是文殊？」師云：「牆壁瓦礫。」又問：「如何是觀音？」師云：「音聲語言是。」又問：「如何是普賢？」師云：「眾生心是。」又問：「如何是佛？」師云：「眾生色

身是。」

有人問：「和尚即隨因緣答，總無人問和尚如何？」師曰：
「困即睡，健即起。」云：「教學人向什麼處會？」師曰：
「夏天赤骺髏，冬寒須得被。」

❷在這則公案裡，有兩個層次：

當長沙派徒弟去問會和尚：「見南泉後如何？」會和尚默然不
答，這表示會和尚已明自性，不能言傳。當該僧徒再問：「未見南
泉已前作麼生？」會說：「不可更別有也。」即是說，前後都是這
個自性，並非見南泉之前沒有，見南泉之後才有。所以悟前悟後，
都是同一個自性，只是覺與不覺而已。

長沙聽到了這話後，感覺能明自性雖然達到不動心的境界，但
如果只止於此，仍然是不夠的，所以他說：「百丈竿頭不動人，雖
然得入未為真。」明了自性之後，還須加以修持，因此長沙接著
說：「百丈竿頭須進步，十方世界是全身。」

明自性，這是向上一路，是爬上了百丈竿頭，如果到此為止，
又犯了能上不能下，能內不能外的毛病，所以長沙還要向上再進一
步，這一步跨了出去，便從自性跨到了自然，所謂「朗州山，灃州
水」、「四海五湖皇化裡」，就是體證到外界一切莫不是道，莫不是
自性；正是所謂「十方世界是全身」。

從這則公案裡，我們得到的教訓是：禪道的精神，不僅向內體
證自性，而且要向外體認自然。唯有這樣，才能內外通透，天人合
一。

第二十六則　溈山撥火

　　百丈云：「汝撥鑪中有火否？」師（溈山靈祐）撥云：「無火。」百丈躬起深撥得少火，舉以示之，云：「此不是火？」師發悟禮謝，陳其所解，百丈曰：「此乃暫時歧路耳。經云：欲見佛性，當觀時節因緣，時節既至，如迷忽悟，如忘忽憶，方省己物不從他得。」

【案語】

　　❶溈山靈祐禪師，俗姓趙，福州人，十五歲出家，究大小乘經律，二十三歲遊江西，參百丈禪師。後在湖南溈山弘法。

　　溈山的思想，得百丈平實的一面，如他說：

　　　夫道人之心，質直無偽，無背無面，無詐妄心行，一切時中視聽尋常，更無委曲，亦不閉眼塞耳，但情不附物即得，從上諸聖只是說濁邊過患，若無如許多惡覺情見想習之事，譬如秋水澄渟，清淨無為，澹泞無礙，喚他作道人，亦名無事之人。

　　溈山傳法仰山慧寂，開展了溈仰宗。

　　❷這則公案有兩個重點：

　　當溈山撥鑪中灰說無火時，百丈深撥得少火，這象徵要明心見性，功夫必須下得深。這點火星就是深藏在內心的靈覺，或佛性。

　　當溈山看到百丈所撥出的這點火星時，他心中如有所悟，似乎

已了解百丈的意思。可是當溈山說出心中所見，為什麼百丈沒有印可，反而說是「暫時歧路」呢？因為當溈山心中如有所悟時，這已進入了佳境，接著便應好好護念，好好的實踐，可是溈山卻沒有這樣做，反而用文字去解說。殊不知一用文字去解說，就等於用文字去搪塞，好像自己能解釋，就等於自己已入道，其實這是兩回事。所以百丈認為這是歧路，真正悟道，在覺悟之後，還須用功去修。如《傳燈錄》所載：

> 時有僧問：「頓悟之人更有修否？」師（溈山）云：「若真悟得本，他自知時，修與不修，是兩頭語，如今初心雖從緣得，一念頓悟自理，猶有無始曠劫習氣未能頓淨，須教渠淨除現業流識，即是修也。」

這說明了頓悟只是心中之覺，覺了之後，在心中還有許多習氣，必須加以繼續不斷的淨除。否則一時之覺，只是曇花一現而已。

第二十七則　黃檗笠子

師（黃檗希運）在南泉時，普請擇菜，南泉問：「什麼處去？」曰：「擇菜去。」南泉曰：「將什麼擇？」師舉起刀子，南泉曰：「只解作賓，不解作主。」師扣三下。一日南泉謂師曰：「老僧偶述牧牛歌，請長老和。」師云：「某甲自有師在。」師辭，南泉門送，提起師笠子云：「長老身材勿量大，笠子太小生。」師云：「雖然如此，大千世界總在裡許。」

【案語】

❶黃檗希運禪師，福建人，自幼即在江西洪州黃檗山出家。曾遊天臺，後遊京師。承繼百丈法統，但也在南泉處印證。唐宣宗少時，因武宗忌妒而出家，在杭州鹽官鎮國海昌院，遇黃檗論佛法，而被黃檗打了一掌，後宣宗即位，賜黃檗粗行禪師之號，後諡斷際。

黃檗禪師的思想重視主體性，獨立精神，他曾訓示僧徒說：

> 盡是吃酒糟漢，恁麼行腳，取笑於人，但見八百一千人處便去，不可只圖熱鬧也。老漢行腳時，或遇草根下有一個漢，便從頂上一錐，看他若知痛癢，可以布袋盛米供養。

所謂「知痛癢」，就是要有靈性，不要作人云亦云的木偶。

他除了語錄外，留下一篇非常著名的〈傳心法要〉，在該文中，他一再強調：

　　諸佛與一切眾生，唯是一心，更無別法。

　　此法即心，心外無法，此心即法，法內無心，心自無心，亦無無心者，將心無心，心即成有。

　　此心即無心之心，離一切相，眾生諸佛更無差殊。

　　世人聞道諸佛皆傳心法，將謂心上別有一法可證可取，遂將心覓法，不知心即是法，法即是心，不可將心更求於心。

　　凡人多謂境礙心，謂事礙理，常欲逃境以安心，屏事以存理，不知乃是心礙境，理礙事，但令心空境自空，但令理寂事自寂，勿倒用心也。

　　在這裡，黃檗一方面承繼了諸祖的心印，唯傳一心，另一方面他又提出了無心的工夫。無心並非否定了真心，而是由無執無求，以顯示真心。

　　❷這則公案有兩部分：

　　第一部分的重點，是當南泉問黃檗用什麼去擇茶時，黃檗舉起刀子，而南泉認為他答得不對。誰都知道擇茶須用刀子，南泉的明知故問，顯然是另有用意的。因為在我們生活上，一般人常犯的錯誤就是把一切的工作都看作是由這個臭皮囊去做的，而忘了真我，這是認賊作父。所以南泉責黃檗「只解作賓，不解作主」，就是批評他只知用，不知體。

　　第二部分，當南泉作歌請黃檗和一首時，黃檗說：「某甲自有師在。」這意思就是說黃檗不願作別人的應聲蟲，而要作自己的主人。這足見黃檗已了悟南泉「只解作賓，不解作主」的教訓。至於

南泉揚起笠子說「長老身材勿量大，笠子太小生」，也是考驗的話，意思是借小大的對比來暗示黃檗，而黃檗果然成竹在胸，他立刻回答：「雖然如此，大千世界總在裡許。」即證明了自性能含攝一切。

第二十八則　雲巖無情

（洞山良价）問：「無情說法什麼人得聞？」雲巖曰：「無情說法，無情得聞。」師曰：「和尚聞否？」雲巖曰：「我若聞，汝即不得聞吾說法也。」曰：「若恁麼，即良价不聞和尚說法也。」雲巖曰：「我說汝尚不聞，何況無情說法也。」師乃述偈呈雲巖曰：「也大奇！也大奇！無情說法不思議，若將耳聽終難會，眼處聞聲方可知。」

【案語】

❶雲巖曇晟禪師，俗姓王，江西人，從少出家，曾隨百丈二十年，後在藥山處悟道，隨侍十五年。得法後，在湖南長沙雲巖山傳道，弟子中最傑出者為洞山良价。

雲巖沒有留下文獻，從他的幾則公案中，可以看出他思想的一個特色是：融體用為一，如：

一日藥山問：「汝除在百丈，更到什麼處來？」師曰：「曾到廣南來。」曰：「見說廣州城東門外有一團石被州主移卻，是否？」師曰：「非但州主，闔國人移亦不動。」藥山乃又問：「聞汝解弄師子，是否？」師曰：「是。」曰：「弄得幾出？」師曰：「弄得六出。」曰：「我亦弄得。」師曰：「和尚弄得幾出？」曰：「我弄得一出。」師曰：「一即六，六即一。」

師掃地次，潙山云：「太驅驅生。」師云：「須知有不驅驅
者。」潙山云：「怎麼即有第二月也。」師豎起掃箒云：「這
個是第幾月？」潙山低頭而去，玄沙聞云：「正是第二月。」

在第一個公案裡，一是體，六是用，所謂「一即六，六即一」，
就是體用一如。在第二個公案裡，「驅驅」是動，即用；「不驅驅」
是不動，即體。體是第一月，用是第二月。但體用一如，所以雲巖
豎起掃箒。就掃箒本身來說是體，但就其能掃地來說，又是用。潙
山低頭而去，是識其體，玄沙言第二月，是明其用。可見雲巖的意
思就是強調，即體即用，即用即體。

❷關於本則公案所提到無情說法的故事，是起源於慧忠國師，
如：

南陽張濆行者問：「伏承和尚道無情說法，某甲未體其事，
乞和尚垂示。」師曰：「汝若問無情說法，解他無情，方得
聞我說法。汝但聞取無情說法去。」濆曰：「只約如今有情
方便之中如何是無情因緣？」師曰：「如今一切動用之中，
但凡聖兩流都無少分起滅，便是出識。不屬有無，熾然見
覺，只聞無其情識繫執，所以六祖云：六根對境，分別非
識。」

後來洞山良价，對於慧忠的無情說法頗有興趣，曾就教於潙
山，有了以下的一段因緣：

（洞山）參潙山，問曰：「頃聞忠國師有無情說法，良价未
究其微？」潙山曰：「我這裡亦有，只是難得其人。」曰：
「便請師道。」潙山曰：「父母所生口，終不敢道。」曰：

「還有與師同時慕道者否？」溈山曰：「此去石室相連，有雲巖道人，若能撥草瞻風，必為子之所重。」

於是洞山便因溈山的介紹，參見雲巖，而產生了本則公案。

對於這則公案，首先須了解無情兩字，有兩種意義：一是指外界的一切物體，沒有人類那種強烈的感情，如《彌陀經》上所說：「水鳥樹林，悉皆念佛念法。」一是指絕對的本體或真我，已超脫了一般俗人的情欲。所以有情指眾生，無情即指佛性。在這裡洞山問：「無情說法什麼人得聞？」是指外界的一切無情之物；而雲巖回答：「無情說法，無情得聞。」前一無情是指無情之物，而後一無情乃是指無情的真人或佛性。也就是說外界的一切水鳥樹林，都是在演暢佛法，而只有明心見性的真人才能聽得懂它們說的法。正如陸亘大夫問南泉：「肇法師甚奇怪，道萬物同根、是非一體。」南泉指庭前牡丹花云：「大夫，時人見此一株花，如夢相似。」所以一般人如霧裡看花，當然不了解無情的說法。

在這則公案裡，最吃緊之處是無情兩字，外物的無情，是自然的現象，而人能臻於無情的境界（此無情當然不是忘恩負義的無情）卻必須通過真參實證的工夫，使自己的情能從小我的軀殼中掙脫出來，與萬物打成一片。所以達到這種境界，自然能與萬物相通，能聞無情說法了。

第二十九則　龍潭吹燭

　　一夕侍立次，潭（龍潭崇信）曰：「更深何不下去？」師（德山宣鑒）珍重便出，卻回曰：「外面黑。」潭點紙燭度與師，師擬接，潭復吹滅，師於此大悟，便禮拜，潭曰：「子見個什麼？」師曰：「從今向去，更不疑天下老和尚舌頭也。」（《五燈會元》）

【案語】

　　❶龍潭崇信禪師，姓氏不詳，湖南人。在天皇道悟處聞道，曾有以下一段因緣：

　　　　一日問曰：「某自到來，不蒙指示心要。」悟曰：「自汝到來，吾未嘗不指示汝心要。」師曰：「何處指示？」悟曰：「汝擎茶來，吾為汝接；汝行食來，吾為汝受；汝和南時，吾便低首，何處不指示心要。」師低頭良久，悟曰：「見則直下便見，擬思即差。」師當下開解，乃復問如何保任，悟曰：「任性逍遙，隨緣放曠，但盡凡心，別無勝解。」

　　從這段故事裡，可以看出龍潭得之於天皇的，乃是「但盡凡心，別無聖解」。所以龍潭的思想也比較平實，沒有製造那些險峻的公案。

　　❷我們人類的一個習性，就是總喜歡把命運交給別人，而不肯自己努力。譬如一般強調外力的宗教，把一切寄託給神明，好像只要祈禱神明，就萬事順適，這便是宗教上的依賴性。德山發現外面

黑暗,而向龍潭乞取燭火,便是一種依賴性,也就是所謂執著。假如龍潭不是一位眼明心快的大禪師,把燭火遞給德山,那麼德山就依賴著這點燭火,走回住處,一宿無話。安全固然安全,可是毫無意義。幸虧龍潭是位大禪師,正當德山用手去接時,突然把燭火吹熄。也就在這時,德山大悟。雖然德山悟個什麼,文獻中沒有明言,但德山所面臨的是一片漆黑,這是事實。在唯一的一點希望的燭火撲滅後,德山必須從絕望中走出自己的路來,這也是事實。第二天,德山把他以前所專門研究的《金剛經》疏鈔燒掉,而說:「窮諸玄辯,若一毫置於太虛;竭世樞機,似一滴投於巨壑。」在這裡可以看出德山的燒疏鈔就像龍潭的吹燭火一樣,把唯一可以攀緣的偶像打掉,然後才能走出自己的路來。

第三十則　仰山水平

一日隨溈山開田，師（仰山慧寂）問曰：「者頭得恁麼低，那頭得恁麼高？」祐曰：「水能平物，但以水平。」師曰：「水也無憑。和尚但高處高平，低處低平。」祐然之。（《傳燈錄》）

【案語】

❶仰山慧寂禪師，俗姓葉，廣州人。十七歲依韶州南華寺通禪師出家，再謁耽源應真禪師，學圓相九十六種。二十一歲參溈山，得心印，而開展了溈仰宗。

仰山的思想，承繼了溈山的衣缽，在仰山初見溈山時，溈山便開示他說：

以思無思之妙，返思靈焰之無窮，思盡還源，性相常住，事理不二，真佛如如。

後來仰山也向僧徒開示說：

我今分明向汝說聖邊事，且莫將心湊泊，但向自己性海如實而修，不要三明六通，何以故？此是聖末邊事，如今且要識心達本，但得其本，莫愁其末。他時後日自具去在。若未得本，縱饒將情學他亦不得，汝豈不見溈山和尚云：「凡聖情盡，體露真常，事理不二，即如如佛。」

從師徒兩人都強調「事理不二」看來，他們思想的特色乃是主

張本體和現象界的相即相融。

❷本則公案最重要的一個字就是「平」字。我們都知道現象是不平的，可是我們都想用各種方法使它們「平」。但物之不齊，是物的天性，要想勉強的加以平等，無異續鳧之足，截鶴之脛。所以當溈山說「水能平物，但以水平」，而仰山卻說「水也無憑」，也就是說一味的用水去平物，就像盲目的拿一個標準去衡量萬物，非但不能得到真正的平等，反而造成了更大的不平。「平」是用在本體上的一色平等，但如果忽略了萬物的差別性，不論高低，都要加以平，這就犯了只知本體，而不知現象，也就是只重理，而不知事。所以仰山說「高處高平，低處低平」，這句話的意思就是即萬物而見本體，也就是說每一物都有其本體，而在每一物的本體上都是平等的。高是一種現象，高處自有其平；低也是一種現象，低處也自有其平。就高或低的本身來說，都是絕對的平，又那裡有高低之分。如果以高去和低比，這已經註定了有高低之分，又如何能平。就像樹高草低，樹長得高，就是它的平，草長得低，也是它的平。小草又何必去向大樹爭平。再以樹來說，松柏等大樹長得高；灌木等小樹長得低，也各自有其平，又何必灌木與松柏爭平。

和這種思想相似的，有莊子的〈齊物論〉，莊子在該文中說：

> 物固有所然，物固有所可；無物不然，無物不可，故為是舉莛與楹，厲與西施，恢詭譎怪，道通為一。

這是說每一物都有其存在的意義，和存在的價值。就拿橫樑的「莛」，和支柱的「楹」來說，雖然在空間上，一橫一直，一高一低，但就整個建築物來說，都各有其頂天、立地的功用。再拿醜女「厲」，和美女「西施」來說，雖然以一般人的眼光，有美醜之分，

但就其生命的意義來說，都有其活潑的生機。所以真正的「道通為一」，並不是拿道去把萬物壓得扁扁的，而是以不平平之，不齊齊之，使萬物都能以其本體相見。這也正是仰山所謂的：「高處高平，低處低平。」

第三十一則　香嚴赤貧

　　師（仰山）問香嚴：「師弟近日見處如何？」嚴曰：「某甲卒說不得，乃有偈曰：『去年貧未是貧，今年貧始是貧；去年貧無卓錐之地，今年貧錐也無。』」師曰：「汝只得如來禪，未得祖師禪。」（《傳燈錄》）

【案語】

　　❶香嚴智閑禪師，山東人。為潙山弟子，潙山曾要他說一句有關在父母未生前的本來面目，他無言以對，遍翻所有經籍，都找不到一句適當的話，便自歎畫餅不能充飢，而把所有的書都燒掉說：「此生不學佛法也，且作個長行粥飯僧。」後來便離開潙山，訪睹慧忠國師的遺跡。一日，因在山中芟除草木，以瓦礫擊竹作聲，突然大悟，於是沐浴焚香遙禮潙山說：「和尚大悲，恩踰父母，當時若為我說卻，何有今日事耶？」接著寫了一首偈子：

　　　一擊忘所知，更不假修治，動容揚古路，不墮悄然機，處處
　　　無蹤跡，聲色外威儀，諸方達道者，咸言上上機。

　　從這段悟道的經過中，可以看出香嚴是從一切放下的這個「忘」字中去悟入的。當瓦礫擊竹的那一聲，完全把他帶入一個空靈的世界。也正因為香嚴是從忘的空靈中悟入的，所以他的禪風，總帶有那麼一點空的味道，如：

問：「如何是香嚴境？」師曰：「花木不滋。」

僧問：「不慕諸聖，不重己靈時如何？」師曰：「萬機休罷，千聖不攜。」

❷在這則公案裡，香嚴所表現的仍然是一個「空」字，所謂貧也就是空的代名。貧得「無卓錐之地」，乃是空掉了境。而貧得「連錐也無」，乃是空掉了我。這就佛法的修持來說，做到了境我雙忘，自是極高的境界，但仰山卻只許他已得「如來禪」，尚未得「祖師禪」。

關於如來禪和祖師禪之分，始於仰山。事實上，如來禪之名，早見於《楞伽經》卷二：

云何如來禪？謂入如來地，得自覺聖智相三種樂住，成辦眾生不思議事，是名如來禪。

這是指直達如來地的禪境。後來圭峰宗密更在《禪源諸詮集・都序》上說：

若頓悟自心本來清淨元無煩惱，無漏智性本來具足。此心即佛畢竟無異，依此而修者，是最上乘禪，亦名如來清淨禪，亦名一行三昧，亦名真如三昧，此是一切三昧根本，若能念念修習，自然漸得百千三昧，達磨門下展轉相傳者，是此禪也。

這段話直截的認為如來禪即是達磨所傳的心法。可是仰山為什麼又有如來禪和祖師禪之分，而認為如來禪尚未究竟，須明祖師禪，才能直達心源？

在仰山的眼中，如來禪乃是指教內之禪，是以破我執法執為主；祖師禪乃是教外別傳之禪，是以明心見性為主。香嚴的「無卓錐之地」，與「連錐也無」，只是做到了消極的「破」的工夫，猶未達到見本來面目的境地。因為「連錐也無」，只是「不思善，不思惡」，在這個時候仍然參一參，阿那個是香嚴本來面目？所以仰山只許以如來禪，並未許以祖師禪。

關於和這個公案相似的，仰山另有一則公案：

> 僧問：「禪宗頓悟畢竟入門的意如何？」師曰：「此意極難，若是祖宗門下上根上智，一聞千悟，得大總持。此根人難得，其有根微智劣，所以古德道，若不安禪靜慮，到者裡總須茫然？」僧曰：「除此格外，還別有方便令學人得入也無？」師曰：「別有別無令汝心不安，汝是什麼處人？」曰：「幽州人。」師曰：「汝還思彼處否？」曰：「常思。」師曰：「彼處樓臺林苑人馬駢闐，汝返思底還有許多般也無？」僧曰：「某甲到者裡一切不見有。」師曰：「汝解猶在境，信位即是，人位即不是，據汝所解，只得一玄。得座披衣，向後自看。」

這裡的信位相當於如來禪，是「不見有」的空，是只知佛理的「一玄」；而「人位」相當於祖師禪，是「向後自看」的明本來面目。

事實上，如來禪與祖師禪本是一貫的，因此當玄覺問：「且道祖師禪與如來禪分不分？」長慶稜便回答：「一時坐卻。」（見《傳燈錄》仰山條註）。也就是說以實際理地來論，根本不可分，因為這都是名相之談。仰山之所以用如來禪與祖師禪來規勸香嚴，無非是方便說法，以激勵香嚴百尺竿頭，更進一步。

第三十二則　臨濟四喝

　　師（臨濟義玄）謂僧曰：「有時一喝如金剛王寶劍，有時一喝如踞地師子，有時一喝如探竿影草，有時一喝不作一喝用。汝作麼生會？」僧擬議，師便喝。（《五燈會元》）

【案語】

　　❶臨濟義玄禪師，俗姓邢，河南人，參黃檗，與大愚。承繼黃檗衣缽，後至河北鎮州臨濟院弘法，開展了慧命極強的臨濟宗。

　　臨濟的思想，強調無位真人，如《傳燈錄》所載：

　　一日上堂曰：「汝等諸人赤肉團上有一無位真人，常向汝諸人面門出入，未證據者看看。」時有僧問：「如何是無位真人？」師下禪床把住云：「道道。」僧擬議，師托開云：「無位真人是什麼乾屎橛。」

　　又在語錄中他說：「五蘊身田內有無位真人，堂堂顯露，無絲髮許間隔，何不識取。」

　　這裡的「位」是指空間，無位真人即不落空間的絕對真人。事實上，真人即是佛性，即是本來面目，而臨濟用真人兩字，把活活潑潑的自性顯得更為真切。

　　為了強調真人，在臨濟的許多公案中，幾乎都很獨特地用動作，把這個真人烘托出來，如：

黃蘗將钁钁地云：「我這個，天下人拈掇不起。」師就手掣得，豎起云：「為什麼卻在某甲手裡。」

師到熊耳塔頭，塔主問：「先禮佛，先禮祖？」師曰：「祖佛俱不禮。」塔主曰：「祖佛與長老有什麼冤家，俱不禮？」師便拂袖而出。

麻谷到參，敷坐具，問：「十二面觀音阿那面正？」師下繩床，一手收坐具，一手搊麻谷云：「十二面觀音向什麼處去也？」麻谷轉身擬坐繩床，師拈柱杖打，麻谷接卻，相捉入方丈。

從以上三則公案中，臨濟的作法，只是表現真人就是自己。他從黃蘗手中拿過钁頭，就是表示操之在我。他不禮佛祖，乃是強調自性就是佛。他與麻谷相鬥，乃是以真人相見。

❷在禪宗的文獻裡，臨濟的喝是有名的。本則公案介紹了他用喝的四種方式：

第一喝是指這一喝像金剛王的寶劍一樣鋒利無比，斬斷對方的攀援意識，乾淨俐落。如祖源禪師所謂：「金剛王寶劍，能斬意識，凡聖情亡，真常獨耀。」

第二喝是指這一喝像踞地獅子一樣，威勢十足，懾破對方的執著，使人無法迴避。如祖源禪師所謂：「斷常二見，一切滲漏，踞地一吼，瓦解冰消。」

第三喝是指這一喝，好像竹竿去草中探察，以考驗對方見道的深淺。如祖源禪師所謂：「探竿影草，如鏡照像，妍醜真偽，自呈本面。」

　　第四喝是指前面三者，不宜執著，必須喝過之後，又把它掃掉。如祖源禪師所謂：「才動意識，一喝冰消，轉尋一喝，喝也不用。」

　　臨濟之用喝，本是一種方便的手法，其本身並無深意，也不值得去學習，《五燈會元》中曾記載：

> 師應機多用喝，會下參徒亦學師喝，師曰：「汝等總學我喝，我今問汝有一人從東堂出，一人從西堂出，兩人齊喝一聲，這裡分得賓主麼？汝且作麼生分，若分不得，已後不得學老僧喝。」

　　事實上兩堂的僧徒都分不出誰是賓，誰是主。這正是臨濟的意思，要他們不必學自己的喝。因為喝是臨濟個人專用的方法，後人任意亂用，非但失去了喝的作用，而且還會喝斷了禪宗的慧命。譬如臨濟的喝到了他的徒弟興化存獎時，更是泛濫成災，如《傳燈錄》上載：

> 師（興化存獎）謂眾曰：「我只聞長廊也喝，後架也喝，諸子，汝莫盲喝亂喝，直饒喝得興化向半天裡住卻撲下來氣欲絕，待興化蘇息起來向汝道未在，何以故？我未曾向紫羅帳裡撒真珠與諸人，虛空裡亂喝作什麼？」

　　這樣的喝完全誤用了臨濟喝的真意，臨濟最後一喝不當作一喝用，也許有見於此，而要後人不要執著於喝。

第三十三則　洞山過水

（洞山良价）問雲巖：「和尚百年後，忽有人問還貌得師真不？
如何祗對？」雲巖曰：「但向伊道！只這個是。」師良久。雲巖曰：
「承當這個事，大須審細。」師猶涉疑，後因過水覩影，大悟前
旨，因有一偈曰：「切忌從他覓，迢迢與我疏，我今獨自往，處處
得逢渠，渠今正是我，我今不是渠，應須恁麼會，方得契如如。」
（《傳燈錄》）

【案語】

❶洞山良价禪師，俗姓俞，浙江人，廿一歲出家，初訪南泉，
次訪靈祐，後參雲巖，而承繼了雲巖的血脈。會昌法難時，在廣東
新豐山弘法，後至江西洞山，大振禪風。與弟子曹山本寂，開展了
曹洞宗。

洞山的思想非常細密，尤具玄理，如他把求道的路子分為五個
步驟，稱為五位功勳。以及把體用之間的關係，分為五個範疇，稱
為五位正偏。都是非常具有哲理的作品。在這裡我們不擬作繁瑣的
分析。僅從他的一則公案中看看他的思想精神，及接引後學的方
法。

僧問：「師尋常教學人行鳥道，未審如何是鳥道？」師曰：
「不逢一人。」曰：「如何行？」師曰：「直須足下無絲
去。」曰：「只如行鳥道，莫便是本來面目否？」師曰：「闍

黎因什麼顛倒？」曰：「什麼處是學人顛倒？」曰：「若不顛
倒，因什麼認奴作郎？」曰：「如何是本來面目？」師曰：
「不行鳥道。」

他所謂「行鳥道」的「不逢一人」，及「足下無絲」，就是指超
脫物執，直入絕對的境界。但鳥道是玄路，如果只走玄路，又是一
執，所以他最後又強調「本來面目」乃是「不行鳥道」。也就是要
走出玄路，還歸於自性。另外有相同的公案，如：

師問僧：「名什麼？」僧曰：「某甲。」師曰：「阿那個是闍
黎主人公？」僧曰：「見祇對次。」師曰：「苦哉！苦哉！今
時人例皆如此，只是認得驢前馬後，將為自己，佛法平沉，
此之是也，客中辯主尚未分，如何辯得主中主。」僧便問：
「如何是主中主？」師曰：「闍黎自道取。」僧曰：「某甲道
得即是客中主，如何是主中主？」師曰：「恁麼道即易，相
續也大難。」

所謂客中主，乃是即用以明體，也就是從現象界去了解絕對境
界。這也正是前面所謂的「行鳥道」。至於「主中主」，乃是證取真
我。這時已無鳥道可行，直見本來面目。

❷由以上兩則公案，我們再返觀洞山的悟道因緣。

當洞山問雲巖：在百年以後，有人問起雲巖的相貌時，如何回
答？雲巖回答洞山說：「只這個是。」「這個」是指的佛性，是指的
真我，也是指的絕對本體。百年以後，儘管形體改變，而「這個」
卻始終如一。要明「這個」，必須先識破臭皮囊，打破一切形相的
執著，這就是要「行鳥道」，要「客中見主」。但這時，免不了仍然

囿於知解，正如洞山聽了之後，還是疑問重重，正像霧裡看花，不夠真切。所以到後來經過水邊，看見自己的倒影時，才突然發現原來就是「這個」，因而大悟，寫下了這首不朽的悟道偈。

現在我們進一步看看這首偈子。其中最重要的四句是：

我今獨自往，處處得逢渠，
渠今正是我，我今不是渠。

所謂「獨自往」，就是「行鳥道」，「客中主」，要擺脫一切，單刀直入。「處處得逢渠」，就是見本來面目。這個「渠」即是指的佛性或真我。這兩句詩偈容易了解，值得我們深思玩味的是那後面兩句。「渠今正是我」，說明了如能真正悟入，佛就是我。但為什麼「我今不是渠」呢？因為想到我即是佛，這也是一執。要使這個我，變成佛，這並不是一念之間就能做到的，禪門所謂的頓悟，事實上，只是悟出「渠今正是我」，了解佛性即是自性。但要把這個我，脫胎換骨而成為佛，還須悟後之修，還要下不少真參實證的工夫。

第三十四則　德山賜棒

（德山宣鑒）示眾曰：「道得也三十棒，道不得也三十棒。」臨濟聞得，謂洛浦曰：「汝去問他：道得為什麼也三十棒，待伊打汝，接住棒送一送，看伊作麼生。」浦如教而問，師便打，浦接住，送一送，師便歸方丈。浦回舉似臨濟，濟曰：「我從來疑著這漢，雖然如是，你還識德山麼？」浦擬議，濟便打。（《五燈會元》）

【案語】

❶德山宣鑒禪師，俗姓周，四川人。二十歲出家，精研律藏，博覽性相各經，對於《金剛經》特別有研究，有周金剛之稱。承接了龍潭的法統後，在湖南德山，大弘禪風，其著名子弟有雪峰義存，巖頭全豁等。

德山自龍潭處悟道之後，不僅燒掉了他研究的疏鈔，同時更激烈地呵佛罵祖，說：

> 我先祖見處即不然，這裡無祖無佛，達磨是老胡瞟，釋迦老子是乾屎橛，文殊普賢是擔屎漢，等覺妙覺是破戒凡夫，菩提涅槃是繫驢橛，十二分教是鬼神簿，拭瘡疣紙，四果三賢初心十地是守古塚鬼，自救不了。（《五燈會元》）

這些話在表面上看起來，實是大逆不道。其實德山所呵的、所罵的不是真正的佛祖，乃是人們心中所執著的佛祖之相。他所要求的，乃是做到心中無事，如他說：

於己無事，則勿妄求。妄求而得亦非得，汝但無事於心，無心於事。則虛而靈，寂而妙。若毛端些許言之本末者，皆為自欺，毫釐繫念，三塗業因，瞥爾生情，萬劫羈鎖，聖名凡號，盡是虛聲，殊相劣形，皆為幻色，汝欲求之者，得無累乎。

所以他的呵佛罵祖，就是要除去心中的那點妄求。就像龍潭吹熄了他的燭光一樣，要他實實在在靠自己的雙腳去走。

❷在禪門中有句流行的話，叫做：「德山棒，臨濟喝。」可見德山擅用棒，臨濟喜歡喝，這兩位在南嶽和青原法統下的中堅人物，在這則公案裡，卻互相印證了工夫。

德山所謂「道得也三十棒，道不得也三十棒」，是指道不能用語言文字來表達，所以一開口便錯，這道理在禪門來說非常清楚，那麼為何臨濟還要派洛浦去考驗德山呢？臨濟的目的，乃是要看看德山自己是否能做到，果然德山是位高手，當洛浦接棒倒送時，他卻不發一言，逕歸方丈。後來洛浦回去，臨濟問話，洛浦正要答時，臨濟也舉棒就打，這說明了臨濟已印可了德山的棒。

關於禪門的用棒，據祖源禪師在《萬法歸心錄》中歸納有八種：「賞棒、罰棒、縱棒、奪棒、愚痴棒、降魔棒、掃跡棒、無情棒」。其實這樣的分析未免過細，我們很難把禪門中所有的棒很精確的歸入這八種。但就一般來講，棒的作用，和喝相似，也都是禪師們在不用文字語言的原則下所運用的一種設施。

第三十五則　曹山龍吟

　　有人問香嚴：「如何是道？」答曰：「枯木裡龍吟。」學云：
「不會。」曰：「髑髏裡眼睛。」後問石霜（慶諸）：「如何是枯木
裡龍吟？」石霜云：「猶帶喜在。」又問：「如何是髑髏裡眼睛？」
石霜云：「猶帶識在。」師（曹山本寂）因而頌曰：「枯木龍吟真見
道，髑髏無識眼初明，喜識盡時消不盡，當人那辨濁中清。」其僧
復問師：「如何是枯木裡龍吟？」師曰：「血脈不斷。」曰：「如何
是髑髏裡眼睛？」師曰：「乾不盡。」曰：「未審還有得聞者無？」
師曰：「盡大地未有一個不聞。」曰：「未審龍吟是何章句？」師
曰：「也不知是何章句，聞者皆喪。」（《傳燈錄》）

【案語】

　　❶曹山本寂禪師，俗姓黃，福建人，初習儒學，十九歲出家，
後參洞山，得承法統，住江西撫州吉水山，因追慕曹溪六祖，改名
為曹山，而開展了曹洞宗。

　　曹洞宗的思想極富玄理，洞山「五位」之說，到了曹山更集其
大成。所以有的學者認為洞山之下有曹山和雲居（道膺）兩大系，
就人才的鼎盛來看，雲居要超過曹山，但曹洞宗仍以曹山為法統，
主要就在於曹山繼承了洞山「五位」之說，而構成了曹洞宗的中心
思想。

　　現在我們看看曹山是如何開展洞山的「五位」之說：

> 洞山五位：
>
> 正中偏：三更初夜月明前，莫怪相逢不相識，隱隱猶懷舊日嫌。
>
> 偏中正：失曉老婆逢古鏡，分明覿面別無真，休更迷頭猶認影。
>
> 正中來：無中有路隔塵埃，但能不觸當今諱，也勝前朝斷舌才。
>
> 兼中至：兩刃交鋒不須避，好手猶如火裡蓮，宛然自有沖天志。
>
> 兼中到：不落有無誰敢和，人人盡欲出常流，折合還歸炭裡坐。

洞山的這「五位」，都是由頌來表達，意義不夠顯明，到了曹山手中，卻說得非常具體：

> 正位即空界本來無物，偏位即色界有萬象形，正中偏者，背理就事，偏中正者，舍事入理，兼帶者，冥應眾緣，不墮諸有，非染非淨，非正非偏。故曰虛玄大道。無著真宗，從上先德，推此一位最妙最玄，當詳審辨明君為正位，臣為偏位，臣向君是偏中正，君視臣是正中偏，君臣道合是兼帶語。

這段話中，正中偏，偏中正即洞山的正中偏，偏中正。正位，即洞山的正中來，偏位即洞山的偏中至，兼帶即洞山的兼中到。君位即正中來，臣位即偏中至，君視臣即正中偏，臣視君即偏中至，君臣道合即兼中到。由此可見曹山的貢獻乃是將洞山的「五位」

頌，用理事，和體用的關係來說明，比較具體，而容易了解。

❷參加這則公案的人物有三位：香嚴智閑、石霜慶諸，和曹山本寂。

這個問題的中心是「如何是道」。如果正面去回答，便會處處犯忌，所以香嚴的答案是用象徵的手法。所謂「枯木裡龍吟」，就是指道無所不在，即使在枯木中，仍然生機不斷。所謂「髑髏裡眼睛」，就是指要認識道，必須像髑髏一樣，感官的作用完全停止，才有真知出現，正如莊子在〈養生主〉中所說的：「官知止，而神欲行。」

石霜對香嚴的這兩句話，卻認為尚不夠究竟。所謂「猶帶喜在」，是認為聽龍吟，而有欣慕之心，也是一種執著。「猶帶識在」，是認為儘管前五識不用，但要想去認識道，仍然是一種識性。

曹山對於這兩者的看法，卻是從本源上著眼，認為「喜識盡時消不盡」的，才是道。認為「血脈不斷」、「乾不盡」的，才是道。

第三十六則　雪峰成道

　　（雪峰）初與巖頭至澧州，鼇山鎮阻雪，頭每日祇是打睡，師一向坐禪，一日喚曰：「師兄，師兄，且起來。」頭曰：「作甚麼？」師曰：「今生不著便，共文邃個漢行腳，到處被他帶累，今日到此又祇管打睡。」頭喝曰：「瞳眠去，每日床上坐，恰似七村裡土地，他時後日，魔魅人家男女去在。」師自點胸曰：「我這裡未穩在。不敢自謾。」頭曰：「我將謂你他日向孤峰頂上盤結草庵，播揚大教，猶作這個語話。」師曰：「我實未穩在。」頭曰：「你若實如此，據你見處一一道來，是處與你證明，不是處與你劃卻。」師曰：「我初到鹽官，見上堂舉色空義，得個入處。」頭曰：「此去三十年，卻忌舉著。」又見洞山過水偈，曰：「切忌從他覓，迢迢與我疏，渠今正是我，我今不是渠。」頭曰：「若與麼，自救也未徹在。」師又曰：「後問德山，從上宗乘中事，學人還有分也無？德山打一棒曰：『道什麼？』我當時如桶底脫相似。」頭喝曰：「你不聞道：從門入者，不是家珍。」師曰：「他後如何即是？」頭曰：「他後若欲播揚大教，一一從自己胸襟流出，將來與我蓋天蓋地去。」師於言下大悟，便作禮起連聲叫曰：「師兄，今日始是鼇山成道。」（《五燈會元》）

【案語】

　　❶雪峰義存禪師，俗姓曾，福建人。十二歲出家，十九歲受具，曾參投子，洞山，後在德山處承繼法統，在福州象骨山，大弘

禪法。其弟子有雲門、玄沙、長慶等。

　　雪峰接人的方法，似乎繼承了德山的風格，喜歡用拂子，有時豎拂子，有時則打：

　　師問僧：「什麼處來？」僧曰：「近離浙中。」師曰：「船來陸來？」曰：「二途俱不涉。」師曰：「爭得到這裡？」曰：「有什麼隔礙。」師便打。

　　師問僧：「什麼處來？」對曰：「離江西。」師曰：「江西與此間相去多少？」曰：「不遙。」師豎起拂子曰：「還隔這個麼？」曰：「若隔這個，即遙去也。」師便打。

　　就這兩則公案來看，僧徒的回答並沒有錯；但雪峰之所以還要打他們，就是因為他們所答畢竟只是一種解釋，而不是心性上的工夫，正如雪峰曾說：

　　我若東道西道，汝則尋言逐句；我若羚羊掛角，汝向什麼處捫摹？

　　向什麼處捫摹？只有向自己心性中去參。

　　❷本則公案可分成兩段來看：

　　第一段從雪峰與巖頭至澧州，到雪峰說：「我實未穩在。」這一段說明雪峰心中仍然有許多煩惱，企圖用坐禪來鎮壓。這是倒果為因，揚湯止沸的辦法，所以被巖頭呵責。今天很多人不從根本上，把自己心中的妄念除掉，而以為坐禪便是萬靈丹，這就像身體虛弱，如果不先把虛弱的原因除掉，而認為跑步、游泳便是最好的運動。拼命的跑、拼命的游，結果致死的原因不是虛弱，而是心臟

病發作，或血管阻塞。所以六祖對坐禪的特別解釋是：

> 何名坐禪？此法門中，無障無礙，外於一切善惡境界。心念
> 不起，名為坐。內見自性不動，名為禪。

這話就是直指出坐禪須先心地做起，而不是兀然枯坐。

第二段敘述巖頭與雪峰的論道。

當雪峰說：「上堂舉色空義，得個入處。」為什麼巖頭並沒有讚許，而勸他「此去三十年，卻忌舉著」呢？因為從色空義中得個入處，這是在文字語言中求解，愈求愈遠，所以巖頭要他以後不可再執著。

當雪峰唸洞山過水偈時，巖頭卻說：「若與麼，自救也未徹在。」這是因為洞山過水而悟道，這只是洞山的悟道，不能代替我們來悟道。洞山過水而悟道，這雖然是剎那的時間，但他在此剎那之前，不知經過了多少辛苦的磨鍊，我們豈能讀讀他的悟道偈，便會悟道，天下那有這樣揀現成的事？

當雪峰問德山：「從上宗乘中事，學人還有分也無？」而被德山打一棒，打得心中如桶底脫落似的茫然不知所措。後來巖頭告訴他說：「從門入者，不是家珍。」「一一從自己胸襟流出」，才使雪峰大悟。從這三個小公案中，可以看出：無論是聽佛理，參偈語，或吃棒喝，都只是外在的緣，只有自己內心的證悟，才是真正的道。

第三十七則　雲門三關

（雲門）上堂云：「函蓋乾坤，目機銖兩，不涉萬緣，作麼生
承當？」眾無對，自代云：「一鏃破三關。」（《五燈會元》）

【案語】

❶雲門文偃禪師，俗姓張，浙江人。初參陳尊宿，後參雪峰義
存，繼承了法統。先住韶州靈樹院，晚年遷居廣東雲門山，大弘禪
法，開展了雲門宗。

雲門的思想非常敏捷，口才極佳。他每次講法，橫說直說，把
文字般若，發揮得淋漓盡致，如：

> 若從學解機智得，只如十地聖人說法如雲如雨，猶被呵責，
> 見性如隔羅縠，以此故知一切有心，天地懸殊，雖然如此，
> 若是得底人，道火不可燒，終日說事不曾掛著唇齒，未曾道
> 著一字；終日著衣吃飯未曾觸著一粒米，掛一縷線。雖然如
> 此，猶是門庭之說也，得實得怎麼始得，若約衲僧門下，句
> 裡呈機，徒勞佇思，直饒一句下承當，猶是瞌睡漢。

這是他滔滔不絕的一面，可是有時，他卻吝於言辭，往往只答
一個字，如：

> 問：「如何是道？」師曰：「去。」
> 問：「如何是雲門一路？」師曰：「親。」

> 問：「如何是正法眼？」師曰：「普。」
>
> 問：「如何是唪啄機？」師曰：「響。」

這就是雲門的一字關。

雲門有時橫說直說，說了許多話，卻未曾道著一字；可是有時雖然只說了簡單的一個字，卻包含了無窮的意思。這就是雲門接引人的特色。不用棒，不用喝，而是用文字的箭。

❷這則公案所舉雲門的三句話，函蓋乾坤，是指道的普遍性，無所不包；目機銖兩，是指道的內在性，遍在於萬物之中；不涉萬緣，是指道的超越性，迥脫於一切形相之外。後來雲門的法嗣德山緣密，更把這三句話演繹成「函蓋乾坤，隨波逐浪，截斷眾流」的雲門三句偈。這三句即是三關，關是關口的意思，要達到道的境地，必須通過這三個關口。但雲門卻能以一箭穿過了這三個關口。

就哲學的眼光來看，雲門的三句，把道的性能分析得非常清楚。不論中國哲學家所談的道，西洋哲學家所論的上帝，都離不了這三句。然而我們如果把這三句看成三個方面，各霸一方，便變成了三個互相對立的關口，彼此封鎖。所以雲門要一鏃破三關，也就是在修證工夫上，根本沒有關口可言。頓悟之後，一超直入，自然圓融無礙。

第三十八則　玄沙明珠

僧問：「承和尚有言盡十方世界是一顆明珠，學人如何得會？」師（玄沙師備）曰：「盡十方世界是一顆明珠，用會作麼？」師來日卻問其僧：「盡十方世界是一顆明珠，汝作麼生會？」對曰：「盡十方世界是一顆明珠，用會作麼？」師曰：「知汝向山鬼窟裡作活計。」（《傳燈錄》）

【案語】

❶玄沙師備禪師，俗姓謝，福州人，少年時喜浮舟垂釣，三十歲出家。與雪峰本為同門，但卻以師禮待雪峰，承接法系，後住福州玄沙院，其弟子以羅漢桂琛最為傑出。

玄沙的思想受雪峰的影響，他們之間有兩則重要的公案：

雪峰上堂曰：「要會此事，猶如古鏡當臺，胡來胡現，漢來漢現。」師（玄沙）曰：「忽遇明鏡破時如何？」雪峰曰：「胡漢俱隱。」師曰：「老和尚腳跟猶未點地。」

雪峰曰：「世界闊一尺，古鏡闊一尺，世界闊一丈，古鏡闊一丈。」師指火鑪曰：「火鑪闊多少？」雪峰曰：「如古鏡闊。」師曰：「老和尚腳跟未點地。」

所謂古鏡即是指的心，這個心與外界的一切相攝相容。這正是玄沙「三界唯心」思想的基礎。

　　不過玄沙所強調的心，是真心，而不是感覺知性，他曾批評說：

　　　有一般坐繩床和尚稱為善知識，問著便動身動手，點眼吐舌瞪視，更有一般便說昭昭靈靈，靈臺智性，能見能聞，向五蘊身田裡作主宰，恁麼為善知識，大賺人，知麼？我今問汝，汝若認昭昭靈靈是汝真實，為什麼瞌睡時，又不成昭昭靈靈。若瞌睡時不是，為什麼有昭昭時，汝還會麼？遮個喚作認賊為子。

　　這段話指出了一般人以見聞覺知為真心自性的錯誤。玄沙所謂三界唯心所唯的乃是真心自性而已。

　　❷本則公案也是以「三界唯心」為主題，所謂明珠也就是指的真心。可見這「三界唯心」的思想是玄沙經常提到的。於是才有僧徒不了解特別請示玄沙要如何去體會。殊不知玄沙所謂「三界唯心」不是哲學上的一種論題，可以去分析、去討論的。這個三界不是外在於我們的三界，這個心更不是外在於我們的心，不能像西方哲學一樣的去作推理和描述，因為三界和心都本於自性，唯有悟出自性，自然是三界唯心。所以玄沙對僧徒說：「用會作麼？」也就是說不要在這問題上去研究，而要在心性中去下工夫。可是後來當玄沙故意問該僧徒，該僧徒以同樣的話：「用會作麼」來回答時，玄沙卻批評他：「知汝向山鬼窟裡作活計。」因為該僧只是撿玄沙的牙慧，用同樣的話來搪塞，並沒有去真參實證。

　　在這裡我們得到兩點很好的教訓：

　　1.今天我們讀禪學的文獻，看到許多有趣的公案，玄妙的話頭。我們自以為了解，便毫不經意的拿來運用，殊不知這些公案和

話頭的真意，乃是要人自己去參。結果我們忘了真參，卻在公案和話頭上下工夫。這就同漁夫結網，製作了各種精美的網，卻忘了撈魚。

　　2.所謂「山鬼窟裡作活計」，山鬼窟乃是指空虛不實的境界，如哲學上的形而上學，討論什麼唯心、唯物啦？區分什麼本體、現象啦？結果都流於概念的遊戲。同樣禪學本來是明心見性的工夫，可是後代許多學禪者卻一味的在文字語言上追逐，黏上加黏，這都是在鬼窟中作活計。

第三十九則 羅漢片石

藏（羅漢桂琛）門送之問曰：「上座尋常說三界唯心，萬法唯
識。」乃指庭下片石曰：「且道此石在心內，在心外？」師（法眼
文益）曰：「在心內。」藏曰：「行腳人著什麼來由，安片石在心
頭？」（《傳燈錄》）

【案語】

❶羅漢桂琛禪師，俗姓李，浙江人。初謁雲居，次謁雪峰，後
參玄沙，承繼法統。曾在地藏院弘法十八年，後移住漳州羅漢院，
大弘禪風。子弟有法眼文益最為傑出。

關於羅漢的接引人方法，有一則公案說得很明白：

問：「如何是羅漢家風？」師曰：「不向你道。」曰：「為什
麼不道？」師曰：「是我家風。」

在這則公案裡，羅漢表明自己接引人的方法，乃是不為對方說
破，要對方自己去參。他不僅要對方不執著於他所說的文字，甚至
連他舉拂子的暗示手法也不要執著，如：

師見僧來，舉拂子曰：「還會麼？」僧曰：「謝和尚慈悲示學
人。」師曰：「見我豎拂子便道示學人，汝每日見山見水，
可不示汝？」師又見僧來，舉拂子，其僧讚歎禮拜，師曰：
「見我豎拂子便禮拜讚歎，那裡掃地豎起掃箒，為什麼不讚

歟？」

　羅漢豎拂子當然是一種暗示，而對方不去向自心做工夫，而執著於拂子的相，以為自己懂了。試想天下那有如此簡單的事！所以羅漢不許他們，要他不可黏著在外面的形相上，而要返向內心中去參。

　❷這則公案也是發明「三界唯心」的旨趣。一般人聽到「三界唯心」四個字，總要把三界搬入心中，認為三界的一切都是唯心所造。這就哲學的解釋來說，一點也不錯，可是當法眼說此石在心內時，為什麼羅漢卻責備他說：「行腳人著什麼來由，安片石在心頭？」關於這點有兩種解釋：

　1.三界唯心的心是指自性的功能，而不是指感覺的作用。所以羅漢故意設下圈套，讓法眼把這塊石頭搬在心內，才發現此心不是彼心。此心連塊石頭都載不動，又如何能含容三界。

　2.「三界唯心」不是一個哲學的理論，而是一種方便說法。說法而稱方便者，乃是表明雖說此法，而目的不在此法。譬如說「三界唯心」，並不是要我們以心去造三界，相反的，乃是要在心中洗淨三界的執著。所以羅漢設下圈套的用意，就在於要法眼把心頭的石塊除掉，也就是要把心中的一切妄念執著洗淨。使此心真空，然後才能妙有。

第四十則　法眼重行

問：「如何是正真之道？」師（法眼文益）曰：「一願也教汝行，二願也教汝行。」（《傳燈錄》）

【案語】

❶法眼文益禪師，俗姓魯，浙江人。幼年出家，曾習律於希覺法師，並傍通儒典及文學，後參羅漢，承繼法統，先住金陵報恩寺，後住建康清涼寺，開展了法眼宗。

法眼的思想非常切實，曾著《宗門十規論》批評宗門的各種流弊，主張禪和教必須融合。他接引人的方法也非常平實，如他說：

> 出家人但隨時及節便得，寒即寒，熱即熱，欲知佛性義，當觀時節因緣。

所謂時節因緣，也就是頓悟與漸修並重。

又：

問：「如何是佛向上人？」師曰：「方便呼為佛。」

問：「十二時中如何行履即得與道相應？」師曰：「取捨之心成巧偽。」

問：「如何披露即得與道相應？」師曰：「汝幾時披露即與道不相應？」

這些公案都是正面回答對方的問話。法眼禪師和僧徒的對答大致都是如此樸實，不像許多禪師的機鋒奇特，令人摸不著頭腦。

❷這則公案的內容，最簡單，也最明白。但我們把它放在最後，卻有最深長的意義。

我們試觀《金剛經》，說了又破，破了再說，極盡文字般若之能事，可是說到最後的四個字，卻是「信受奉行」。這四字乃是全經的血脈，因為一部《金剛經》就是要人去行。其實三藏十二部，也都是要人去行。

中國禪宗，自達摩傳心以來，到唐末演變成為溈仰、臨濟、曹洞、雲門、法眼等五宗，到了宋代，臨濟宗又分為黃龍、楊歧兩派。其傳心的方法，或見本來面目，或講時節因緣，或舉棒，或用喝，或參公案，或看話頭，或畫圓相，或禪淨合修。留下了多少動人的詩偈，奇特的故事，但萬變不離其宗，歸根結蒂，也只是一個「行」字。

所以法眼禪師的這兩句話，正道出了禪宗公案的真精神。禪師們的苦口婆心，在此；禪師們的機鋒峻烈，也在此。

下篇

《無門關》❶

自 序

「佛語心為宗，無門為法門❸」。既是無門，且作麼生透？豈不見道：「從門入者，不是家珍；從緣得者，始終成壞❹。」恁麼說話，大似無風起浪，好肉剜瘡。何況滯言句，覓解會，掉棒打月，隔靴爬痒，有甚交涉，首眾于東嘉龍翔❺，因衲子請益，遂將古人公案，作敲門瓦子，隨機引導學者，竟爾抄錄，不覺成集，初不以前後敘列，共成四十八則，通曰《無門關》，若是個漢，不顧危亡，單刀直入❻，八臂那吒，攔他不住，縱使西天四七❼，東土二三❽，只得望風乞命，設或躊躇，也似隔窗看馬騎，眨得眼來，早已蹉過。

頌曰：

「大道無門，千差有路❾。

透得此關，乾坤獨步。

佛祖機緣，四十八則。」

【案語】

❶《無門關》一書共收四十八則禪宗公案,為宋慧開禪師所評唱,其弟子宗紹所編,宋紹定元年,由慧開初刊,淳祐五年再刊。曾流行於日本,該書與雪竇重顯頌古,圜悟克勤評唱之《碧巖錄》;天童正覺頌古,萬松老人評唱之《從容錄》、《請益錄》;丹霞淳頌古,林泉老人評唱之《虛堂集》,及投子青頌古,林泉老人評唱之《空谷集》,皆為中國禪宗公案集之名著。

❷無門慧開禪師,為臨濟宗楊歧派道寧之門人,生於西元一一八三年至一二六〇年。

❸「無門為法門」一語,見於《楞伽經》。一般的運用,這句話有兩層意思,一是指沒有固定的,特殊的法門,言外之意就是如果真正能悟道,任何路子都可以進去。另一是指以「無」為法門,這是無門和尚在《無門關》一書中所強調的。

❹所謂從門入者,是指由外而入,乃是外在的知識,並非真性。所謂從緣得者,乃是依靠外在的因緣而得,緣盡還散,所以也不是自覺、自主的真心。

❺無門禪師曾於東嘉龍翔任方丈。

❻即一超直入,見性成佛。

❼即印度二十八位祖師。

❽即中國六位祖師。

❾大道雖然無門,卻條條道路都可進去,所以有千差萬別的路。

第一則　趙州狗子

　　趙州和尚❶因僧問：「狗子還有佛性也無？」　❷州云：
「無！」❸

　　無門曰：「參禪須透祖師關❹，妙悟要窮心路絕。祖關不透，
心路不絕，盡是依草附木精靈！且道：如何是祖師關？只者一個無
字，乃宗門一關也。遂目之曰：禪宗無門關。」❺透得過者，非但
親見趙州，便可與歷代祖師把手共行，眉毛廝結，同一眼見，同一
耳聞，豈不慶快，莫有要透關底麼，將三百六十骨節，八萬四千毫
竅，通身起個疑團❻，參個無字，晝夜提撕，莫作虛無會，莫作有
無會❼，如吞了個熱鐵丸相似，吐又吐不出，蕩盡從前惡知惡覺，
久久純熟，自然內外打成一片，如啞子得夢，只許自知，驀然打
發，驚天動地，如奪得關將軍大刀入手，逢佛殺佛，逢祖殺祖❽，
於生死岸頭，得大自在，向六道四生❾中，遊戲三昧，且作麼生提
撕，盡平生氣力，舉個無字，若不間斷❿，好似法燭一點便著。」

　　頌曰：「狗子佛性，全提正令⓫；

　　　　　　才涉有無，喪身失命。」

【案語】

　　❶趙州從諗禪師，生平見上篇第二十四則。
　　❷問狗子有無佛性的公案，最早見於馬祖的弟子興善惟寬禪
師：

問：「狗子還有佛性否？」師云：「有。」僧云：「和尚還有
否？」師云：「我無。」僧云：「一切眾生皆有佛性，和尚因
何獨無？」師云：「我非一切眾生。」僧云：「既非眾生，是
佛否？」師云：「不是佛。」僧云：「究竟是何物？」師云：
「亦不是物。」僧云：「可見可思否？」師云：「思之不及，
議之不得，故云不可思議。」

❸關於趙州回答狗子有無佛性的問題，有時答無，有時答有。
而本則公案在《五燈會元》中的原文是：

問：「狗子還有佛性也無？」師曰：「無。」曰：「上至諸佛
下至螻蟻皆有佛性，狗子為甚麼卻無？」師曰：「為伊有業
識在。」

《五燈會元》中多了這段解釋，便與本則公案大不相同，因為
趙州解釋「為伊有業識在」，可見前面所謂的無乃是有無的無，是
指狗子有業識，所以沒有佛性。（事實上，狗子如有業識，螻蟻為
什麼卻無？顯然趙州的回答，乃是暗示對方，問「狗子還有佛性也
無」，已落有無，已屬業識，所以有此一問，便無佛性。）而本則
公案的無，依據無門禪師的解釋乃是超絕有無的無。

❹祖師關即祖師禪，乃是指以心傳心，明心見性的工夫；但無
門禪師此處所指乃一個「無」字關。

❺無門關三字，極妙。既然無門，又那有關？既然能關，又何
得無門？老子說「善閉無關楗而不可開」。乃是指自然相合，天衣
無縫。無門關也是如此，以無為門，無隙可入。

❻韓曹溪退隱於《禪家龜鑑》一書中說：

參禪須具三要，一有大信根，二有大憤志，三有大疑情。苟闕其一，如折足之鼎，終成廢器。日用應緣處，只舉狗子無佛性話，舉來舉去，疑來疑去，覺得沒理路，沒義路，沒滋味，心頭熱悶時，便是當人放身命處，亦是成佛作祖的基本。

此處的疑，也非普通的懷疑，乃是隨時破執的工夫，使自己不致黏著在知解上，阻礙了向上一路。

❼虛無是頑空死寂，有無是兩邊執著，兩者都是向下的墜落。而趙州的無，乃是節節往上的提撕。

❽此處之殺，也非向外殺生之殺，乃是在自己心中，斬去重重葛藤，不求佛，也不求祖。

❾六道為天、人、阿脩羅、畜生、餓鬼、地獄。四生為胎生、卵生、濕生、想生。

❿工夫在不間斷，精進不已。一有間斷，便有所滯，便有所執。

⓫全者不偏，正者不邪。都是喻趙州的這個無，不是虛無、有無的無，乃是籠罩有無的無。

【附語】

另外趙州答「有」的公案為：

僧問趙州：「狗子還有佛性也無？」州云：「有。」僧云：「既有，為什麼卻撞入這個皮袋？」州云：「為他知而故犯。」

　　趙州的答有答無，顯然都是應機的對答。而僧徒不知，追根究底的問「為什麼卻撞入這個皮袋」。事實上，不只是狗子撞入了皮袋；這位僧徒如此執著，也早已撞入了皮袋，所以趙州說：「為他知而故犯。」一語雙關，狗子和僧徒一齊打卻。

第二則　百丈野狐

　　百丈和尚❶凡參次，有一老人常隨眾聽法，眾人退老人亦退，忽一日不退，師遂問：「面前立者，復是何人？」老人云：「諾！某甲非人也，於過去迦葉佛❷時，曾住此山，因學人問，大修行底人，還落因果❸也無。某甲對云：不落因果❹，五百生墮野狐身。今請和尚代一轉語❺，貴脫野狐。」遂問：「大修行底人還落因果也無？」師云：「不昧因果。」❻老人於言下大悟。作禮云：「某甲已脫野狐身，住在山後，敢告和尚，乞依亡僧事例。」師令維那白槌告眾：「食後送亡僧。」大眾言議，一眾皆安，涅槃堂又無人病，何故如是？食後，只見師領眾，至山後巖下，以杖挑出一死野狐，乃依火葬，師至晚上堂，舉前因緣。黃檗便問：「古人錯祇對一轉語，墮五百生野狐身，轉轉不錯，合作個甚麼。」❼師云：「近前來，與伊道。」黃檗遂近前，與師一掌❽，師拍手笑云：「將謂胡鬚赤，更有赤鬚胡。」❾

　　無門曰：「不落因果，為甚墮野狐；不昧因果，為甚脫野狐❿，若向者裡著得一隻眼⓫，便知得前百丈贏得風流五百生。」

　　頌曰：「不落不昧，兩采一賽⓬；

　　　　　　不昧不落，千錯萬錯。」⓭

【案語】

　　❶百丈懷海禪師，生平見上篇第十五則。
　　❷釋迦牟尼時，七佛中之第六位。

❸所謂因果,就是因和果的流轉,事實上,也就是業的流轉。所以因果是一種輪迴。落因果,也就是造了業,掉入因果的輪迴之中。

❹所謂落因果,既然是掉入因果的輪迴之中;那麼不落因果豈不是超脫了輪迴,為什麼還要墮五百年野狐身呢。因為這裡所謂「不落」,是相對於「落」,正如「無」相對於「有」一樣,都是屬於現象界的相對法。「落因果」是執有,「不落因果」是執空,所以仍然是一種執著。

❺即用一語轉變心行,以求開悟。

❻所謂「不昧因果」的昧是暗的意思,而「不昧」二字可有兩種解釋,一是不迷,一是清楚。這兩種解釋本是一個意思,但此處說成兩種,是因為有兩種作用;不迷針對「落因果」而言,是指不惑於因果,不圍於因果,而清楚是針對「不落因果」而言,是指雖不圍於因果,但並非否定了因果,而是因果歷然。所以百丈的「不昧因果」,對於「落」和「不落」來說,正是不執於有無兩邊的中道。

❼黃蘗的意思是假定該老人當時的轉語說得不錯,他不會墮野狐身,那麼會變成個什麼?

❽黃蘗這一問,挖根究底,返本還源。百丈把他叫到跟前,本預備打他一掌,暗示他如果「轉轉不錯」的話,就是真我,那知黃蘗非常機伶,先出手打百丈一掌,表示早已知曉。當然這一掌並非重重的打在身上,只是比劃一下而已。

❾古代的中國稱外邦為胡人,佛陀和達摩都是印度人,所以都稱為胡。這兩句話的意思乃是:「我以為佛祖的鬍鬚是赤的,原來在我前面的,就是一個赤鬚的佛祖。」也就是指黃蘗已經悟道,已

是真我。

❿莊子在〈人間世〉篇中曾說：「絕跡易，無行地難。」「絕跡易」是指不涉人世，「無行地」是指行不著地，也就是指處人世，而不為世俗所污。「不落因果」，相當於「絕跡」，而「不昧因果」，相當於「無行地」。

⓫普通我們的兩眼乃是肉眼，而此處的一隻眼乃是法眼。

⓬即指不落和不昧正像骰子的兩面。

⓭是指如果只知在不昧不落上去比較，而忘了真參實證，那麼這些都變成了障道的語言，是千錯萬錯，愈轉語，離道愈遠了。

第三則　俱胝豎指

　　俱胝和尚❶凡有詰問，唯舉一指，後有童子因外人問和尚說何法要，童子亦豎指頭，胝聞，遂以刀斷其指，童子負痛號哭而去，胝復召之，童子迴首，胝卻豎起指，童子忽然領悟，胝將順世，謂眾曰：「吾得天龍❷一指頭禪，一生受用不盡。」言訖示滅。

　　無門曰：「俱胝並童子悟處，不在指頭上。若向者裡見得，天龍同俱胝並童子與自己，一串穿卻。」❸

　　頌曰：「俱胝鈍置老天龍，利刃單提勘小童❹，

　　　　　　巨靈擡手無多子，分破華山千萬重。」❺

【案語】

　　❶俱胝和尚，浙江金華人。其悟道經過據《傳燈錄》所載：

> 初住庵，有尼名實際到庵，戴笠子執錫繞師三帀云：『道得，即拈下笠子。』三問，師皆無對，尼便去，師曰：『日勢稍晚，且留一宿。』尼曰：『道得，即宿。』師又無對，尼去後，歎曰：『我雖處丈夫之形，而無丈夫之氣。』擬棄庵往諸方參尋，其夜山神告曰：『不須離此山，將有大菩薩來為和尚說法也。』果旬日，天龍和尚到庵，師乃迎禮，具陳前事，天龍豎指而示之，師當下大悟。

　　❷天龍和尚，生平不詳，他是馬祖法嗣大梅的徒弟。在《傳燈錄》中有他的兩則公案：

僧問：「如何是祖師西來意？」師豎起拂子。

僧問：「如何得出三界去？」師云：「汝即今在什麼處？」

❸在天龍的公案中，我們看到他豎拂子，而並沒有特別豎指頭，所以天龍對俱胝的豎指頭與豎拂子是一樣的作用。問題不在拂子上，也不在指頭上，而是藉此以暗示對方去明心見性。所以無門認為我們如果不在指頭上去求悟，便能使「天龍，俱胝，童子，與自己，一串穿卻」。因為真正能悟到真我，則天龍俱胝童子，與自己原是一個，所以可以一齊穿起來。

❹這兩句話，是說俱胝得了天龍一指禪後，他比天龍更進一步，他能用利刃砍掉小童的指頭，去啟發他。顯然他比天龍更為激烈了。在這裡，我們只採取其象徵意義，暗示小童不能一味執相模做，同時又故意豎指頭，去點醒小童無指處也能悟入。但我們卻不讚美利刃斷指的方法，因為這樣作，總未免鹵莽，尤其後人模做不得。

❺傳說這位巨人用手劈開華山，使黃河之水流過去。以喻俱胝的這一劈，足足振開了小童的迷執，使他開悟。

【附語】

關於這則公案，曾引起當代許多禪師的爭論，在《傳燈錄》上曾載有：

長慶代眾云：「美食不中飽人吃。」玄沙云：「我當時若見，拗折指頭。」玄覺云：「且道玄沙恁麼道意作麼生？」雲居錫云：「只如玄沙恁麼道，肯伊不肯伊，若肯，何言拗折指

頭，若不肯，俱胝過在什麼處？」先曹山云：「俱胝承當處
鹵莽，只認得一機一境，一種是拍手拊掌，是他西園奇
怪。」玄覺又云：「且道俱胝還悟也未，若悟，為什麼承當
處鹵莽；若不悟，又道用一指頭禪不盡，且道曹山意旨在什
麼處？」

　　這段記載中，長慶慧稜是雪峰義存的法嗣，他所謂「美食不中
飽人吃」，是指俱胝的一指禪只能供未通禪理的人去受用。玄沙師
備認為如果當時讓他看到俱胝豎指頭，一定先把他折斷。玄覺行言
是玄沙的曾孫，法眼的門人，他只是把玄沙的話提出來，並沒有評
論。雲居清錫是玄覺的師兄弟也提出懷疑，並沒有答案。至於曹山
本寂卻直截的認為俱胝的作法非常粗陋，只執著於一機一境，不能
變通。這種豎一根指頭，和馬祖的法嗣西園曇藏的喜歡拍手撫掌一
樣，並沒有什麼更奇特之處。
　　以上這些禪師對於俱胝的作法都是貶的，但無門和尚的頌及
《碧巖錄》中雪竇的頌：

　　對揚深愛老俱胝，宇宙空來更有誰；
　　曾向滄溟下浮木，夜濤相共接盲龜。

卻是讚美俱胝的手法。為什麼一褒，一貶？事實上，問題不在俱胝
本身，而在後人如何去承當。俱胝在某尼處碰壁後，日夜苦思，心
機逐漸成熟，所以經天龍的一點，便立刻悟入。後來他以豎一指示
人，這和趙州的「無」，秘魔巖和尚（馬祖法嗣）的用木杈，忻州
打地和尚（馬祖徒孫）的以棒敲地，都是同一種作用，就是杜絕對
方的思慮，從心行路絕中去一超直入。但後人如果執著於他們的方

法，正像小童也豎一指，便是盲目的模倣。正如圜悟克勤在《碧巖錄》中評唱說：

如今人才問著，也豎指豎拳，只是弄精魂。

第四則　胡子無鬚

或庵❶曰：「西天胡子，因甚無鬚？」❷

無門曰：「參須實參，悟須實悟，者個胡子，直須親見一回始得❸，說親見早成兩個。」❹

頌曰：「癡人面前，不可說夢❺；胡子無鬚，惺惺添憒。」❻

【案語】

❶或庵，為圜悟克勤的弟子。

❷西天胡子即指印度的菩提達摩，傳說他留有鬍鬚。但此處卻故意問，達摩為什麼無鬚。須知有鬚的是達摩的相，無鬚的乃是達摩的體。

❸達摩的相，乃是在梁武帝時來中國的印度高僧，而達摩的體乃是喻道體，這個道體卻不分你我，只要返觀內照，明心見性，達摩即我，我即達摩。

❹親見必須從心中去實證，一落文字言說，便已分成兩個。所以當僧問馬祖：「如何得合道？」馬祖卻回答：「我早不合道。」也就是說想去合道，早已把道和我分成兩個，又如何能合？

❺癡人已有迷執，夢境純為幻覺，在癡人面前說夢，豈非迷上加迷，幻上添幻。

❻一般人只認得胡子有鬚，如告訴他們胡子無鬚，他們不從自性中去參悟，而執著名相，反以為不近人情，豈不像在癡人面前說夢。夢中占夢，更憑添執著。

第五則　香嚴上樹

　　香嚴和尚❶云：「如人上樹，口啣樹枝❷，手不攀枝，腳不踏樹❸，樹下有人問西來意❹，不對即違他所問；若對，又喪身失命，正恁麼時，作麼生對？」❺

　　無門曰：「縱有懸河之辯，總用不著，說得一大藏教，亦用不著，若向者裡對得著，活卻從前死路頭❻，死卻從前活路頭❼，其或未然，直待當來問彌勒。」❽

　　頌曰：「香嚴真杜撰，惡毒無限盡❾；

　　　　　　啞卻衲僧口❿，通身迸鬼眼。」⓫

【案語】

　　❶香嚴智閑禪師，生平見上篇第三十一則。

　　❷暗喻這是生命之所關。

　　❸暗喻一切經典、祖師的言句，文字的解釋都用不著。

　　❹問西來意，即問祖師西來意，也即問達摩來中國究竟傳個什麼？事實上，這句話也就是問什麼是禪？什麼是道？什麼是佛？

　　❺這是香嚴預設的一個兩難的問題，而他之所以有此一問，這是因為他自己曾有過這樣的經驗，如：

　　　　依溈山禪會，祐和尚知其法器，欲激發智光，一日謂之曰：「吾不問汝平生學解及經卷冊子上記得者，汝未出胞胎未辨東西時，本分事試道一句來，吾要記汝。」師懵然無對，沉

吟久之，進數語，陳其所解，祐皆不許，師曰：「卻請和尚
為說。」祐曰：「吾說得是吾之見解，於汝眼目又何益乎！」
師遂歸堂，徧檢所集諸方語句無一言可將酬對，乃自歎曰：
「畫餅不可充饑。」

由於這痛苦的經驗，所以他預設了這個問題，表示在一切語言
文字都用不著時，究竟要怎麼辦？

❻從前一直參不透的問題，如對生死的迷執等，現在突然而
悟。

❼從前用語言文字，用自己的想法去解的問題，現在才發現完
全用不著，像香嚴一樣放把火，燒得乾乾淨淨。

❽菩薩之名，生於印度婆羅門家，後繼釋迦而成佛。據說他生
於兜率天內院，經四千歲(換計人間的年月為五十六億七千萬年)，
才下生人間。所以這句話的意思是你如果不能當下悟入。恐怕要等
到五十六億七千萬年之後，等到彌勒再生人間了。

❾香嚴杜撰了這個難題，逼得人無路可走，可說惡毒至極。但
我們要了解禪的用語，表面上的惡毒，卻是真正的慈悲。就像醫
生，如果不痛下針砭，又如何治得好痼疾。

❿衲僧之口被啞卻後，這時一切言語都用不著，自然是咬緊枝
頭，不會喪身失命。

⓫通身迸鬼眼，就是通身開了鬼眼。有人問香嚴：「如何是
道？」答曰：「枯木裡龍吟。」又說：「不會。」香嚴答曰：「髑髏
裡眼睛。」鬼眼者，即是「髑髏裡眼睛」，即是指肉眼關閉後，所
開出的精神眼。也就是說在這時，全身三百六十根骨節、八萬四千
毫竅，才完全打破疑團，發出了開悟之光。

第六則　世尊拈華

　　世尊昔在靈山會上，拈華示眾，是時眾皆默然，惟迦葉尊者❶破顏微笑，世尊云：「吾有正法眼藏，涅槃妙心，實相無相，微妙法門，不立文字，教外別傳，付囑摩訶迦葉。」

　　無門曰：「黃面瞿曇，傍若無人❷，壓良為賤❸，懸羊頭賣狗肉❹，將謂多少奇特，只如當時大眾都笑。正法眼怎麼生傳？設使迦葉不笑，正法眼藏又怎麼生傳❺？若道正法眼藏有傳授，黃面老子誑讓閭閻❻；若道無傳授，為什麼獨許迦葉？」❼

　　頌曰：「拈起花來，尾巴已露❽；

　　　　　　迦葉破顏，人天罔措？」❾

【案語】

　　❶迦葉尊者，即摩訶迦葉，禪宗印度法系的第一祖。

　　❷瞿曇為世尊之名，此處即指世尊。因拈花而不說一句話，所以好像傍若無人。

　　❸聽眾都為跟隨世尊多年的子弟，對佛法應有相當水準，可是被世尊這一近乎戲劇性的拈花不語，弄得不知所措，豈非壓良為賤？

　　❹表面上是拈花，實際上是傳法，豈非懸羊頭賣狗肉？

　　❺不論大眾都笑，或迦葉和大眾都不笑。事實上，本沒有一個正法眼藏可傳，好像皮球一樣的可以傳來傳去。所謂以心傳心，乃是心心相印而已。誰能悟道，誰就能得到心傳。

❻本無正法眼藏可傳，說可傳者，乃是世尊逗逗那些不通佛理的鄉下人。這裡所謂逗逗，乃是黃葉止啼之意，也是不得已的方便法門。

❼世尊獨許迦葉者，乃迦葉能會心而已。世尊所傳給迦葉者，也是迦葉自己之妙心而已。所以並非正法眼藏，像許多知識一樣，任何人都可傳授，這種心法所傳者乃獨傳給開悟之人。

❽實相本無相，可是拈起花來，已露形相，所以說已洩天機，露了尾巴。在這裡千萬不要在拈花處大做文章，應該想想花未拈起前，是什麼樣的境界？

❾迦葉這一破顏而笑，使得所有的天、人都罔然不知。因為迦葉何所見而笑，只有迦葉自己知道。這只許自知，乃是正法眼藏，涅槃妙心，不是文字語言所能表達的。不過迦葉的這一笑，也已有了相，如果後人都學迦葉的破顏，禪宗豈不變成了一場鬧劇。

第七則　趙州洗缽

趙州因僧問：「某甲乍入叢林，乞師指示？」❶州云：「吃粥了也未？」❷僧云：「吃粥了也。」州云：「洗缽盂去。」❸其僧有省。

無門曰：「趙州開口見膽，露出心肝❹，這僧聽事不真，喚鐘作甕。」❺

頌曰：「只為分明極，翻令所得遲❻；

　　　　早知燈是火，飯熟已多時。」❼

【案語】

❶中國禪宗自百丈開始，在叢林中建立寺院，訂定了清規。其中規矩非常嚴謹，有「三代禮樂，盡在乎此」之譽。所以初入叢林的僧徒，必須先弄清楚叢林的規矩。

❷問叢林的規矩，自有維那（管事務的和尚）可問，不必向方丈打聽。方丈為一寺的領袖，其任務是在精神上去啟悟僧徒，趙州為一寺的方丈，當然不必管這些瑣事。但趙州既不告訴他叢林規矩，也不開口便說教，卻反問他「吃粥了也未」。這句話卻是雙鋒的利刃，兩邊都斬到。因為按照叢林的規矩，早晨四點鐘起床後，即唸經，坐禪，到六點鐘吃早餐，即熱粥。所以趙州問「吃粥了未」，也是叢林中的生活之一。另一方面趙州所強調的是「平常心是道」。也即茶來喝茶，飯來吃飯，所以「吃粥了未」，也是平常心，在這裡趙州已把精神的鑰匙交給了這個僧徒。

❸可是這個僧徒尚是新手，不知趙州的話裡有話，直截回答「吃粥了也」。所以趙州補了一句「洗缽盂去」。這句話也有兩種意思，吃了粥，洗缽盂，這是叢林生活的規矩。同時，吃了粥，洗缽盂，這是自然之事，也正是平常心之所在。

❹趙州思想的中心旨趣在「平常心是道」，所以一個「吃粥也未」已開口見膽，露了心肝。

❺奈何僧徒尚未領悟，只把吃粥當吃粥，執相而不見道。就同喚鐘作甕，差之毫釐，謬以千里。

❻「平常心是道」，這是多麼平易，多麼清楚的事；可是多少人卻不能從平常心處體悟。把道看得高深莫測，於是愈追求，反而離道愈遠。

❼如能了悟燈就是火，我就是佛，反觀內照，明心見性。豈不是現現成成的一個活佛，又何必苦苦向外探求。正如無盡尼的〈詠梅詩〉說得好：

終日尋春不見春，芒鞋踏破嶺頭雲；
歸來偶過梅花下，春在枝頭已十分。

第八則　奚仲造車

　　月庵和尚❶問僧：「奚仲❷造車一百輻，拈卻兩頭，去卻軸❸，明什麼事？」❹

　　無門曰：「若也直下明得，眼似流星❺，機如掣電。」❻

　　頌曰：「機輪轉處，達者猶迷❼；

　　　　　　四維上下，南北東西。」❽

【案語】

　　❶月庵和尚是無門和尚的曾師祖，其生平思想沒有其他文獻可徵。

　　❷奚仲是夏禹的臣子，善於造車。

　　❸這只是借奚仲的名字而已，與實際的奚仲無關。此處假定造了有一百根輻條的車輪，去掉了外頭、內頭的輪圈，再拔掉了當中的軸。試看還剩個什麼？月庵禪師的這個比喻，在古尊宿語錄中有一則公案可資印證：

　　　　勝先鑺斷一蚯蚓，向子湖神力禪師云：「某甲今日鑺斷一條蚯蚓，兩頭俱動，未知性命在那頭？」師提鑺頭向蚯蚓左頭打一下，右頭打一下，中心空處打一下，擲卻鑺頭便歸。

　　從這兩個故事的互相印證中，可以看出「拈卻兩頭」者，破除兩邊的執著，「去卻軸」者，連自我的執著也要破掉，這才是真正無門關的無，也是趙州的無。

❹兩邊的執著，和自我破掉以後，並不是落於虛無；而是要在此時參一參，什麼是真我？正如六祖所謂：「不思善，不思惡，正恁麼時，那個是明上座本來面目？」

❺眼是指開悟的眼，也就是開悟的心。如流星者，是指它快似流星，不滯於一境。

❻機是禪機。在中國哲學裡，這個機字極為微妙，《易經》所謂「君子見幾而作」，是指宇宙變化的消息。而禪機者，是指禪宗師徒之間的機鋒相對，如石頭希遷在《參同契》上所說：「理應箭鋒拄」，是比喻說理如能投機的話，就像兩位神射手所射出的箭，正好箭鋒相抵，沒有一毫偏差。此處即是指禪機快如閃電，稍縱即逝。

❼奚仲造的輪，本來有邊，有軸，只能在地上慢慢的滾。可是現在「拈卻兩頭」，「去卻軸」之後，已沒有形質的存在和阻礙，正如莊子在〈人間世〉上所說的「以無翼飛」，當然是有如羚羊掛角，無跡可尋了。所以真正達道之人，有時都未必能跟得上。

❽這個無邊、無軸的輪可以四維上下，無所不到，無所不通。這個無邊無軸的輪是什麼？快向心中參一參！

第九則　大通智勝

　　興陽讓和尚❶因僧問：「大通智勝佛❷，十劫❸坐道場❹，佛法不現前，不得成佛道時如何？」❺讓曰：「其問甚諦當。」僧云：「既是坐道場，為什麼不得成佛道？」讓曰：「為伊不成佛。」❻

　　無門曰：「只許老胡知，不許老胡會❼。凡夫若知，即是聖人❽；聖人若會，即是凡夫。」❾

　　頌曰：「了身何似了心休，了得心兮身不愁；
　　　　　　若也心身俱了了，神仙何必更封侯。」❿

【案語】

　　❶興陽清讓禪師，生平不詳，是仰山慧寂第三代法嗣。
　　❷佛名，《法華經·化城喻品》曰：「乃往過去，無量無邊不可思議阿僧祇劫，爾時有佛名大通智勝如來。」
　　❸世界一個成住壞空叫做一劫，相當於十萬年之久。
　　❹本指佛成聖之處，為菩提樹下的金剛座，後喻修道的處所。
　　❺這是問大通智勝佛，修行了十劫，為什麼不成佛。
　　❻這句話是本公案的關鍵語，是指大通智勝佛只專心修道，而無成佛之念，也不求成佛。
　　❼老胡是泛指世尊、達摩、修道之士，或自己。這兩句話的意思是只可以證悟，而不能求解。這裡所謂「知」，是指內心的明白；「會」是指用心去求解。
　　❽凡夫如悟道，自然能立地成聖成佛。在這裡我們須注意凡夫

是最普通平凡的人，他們無論學知識，求智慧，都能使他們的學業德性往上提撕。

❾聖人是已成道的人，他既然已悟道，心中便應清淨無為，沒有一點欲念，甚至連成佛之一念，或我即是佛的一念，都應該掃得乾乾淨淨。因為已悟道之人，本身已是佛了，如果還有一念成佛，豈非又把我和佛分成了兩截，所以聖人一有成佛之意，便立刻落入了凡夫的境地。

❿這首詩的重點在於明心見性，如果我們能明心見性，則心身當處解脫，一切自在逍遙，這已是活佛的境界，還需要什麼佛的名號呢？在這裡所謂神仙指自在的真人，或本來面目。封侯雖然表面意義是指世俗的名位，實際上暗喻一般人心目中的那個佛的名相。因為有成佛的一念，已是把佛世俗化了，正像一般俗人把公侯將相當作一個值得顯耀，為人艷羨的目標來追求。所以本則公案寫出了禪宗的一個基本態度，就是只重明心見性，而不向外求佛。

第十則　清稅孤貧

曹山和尚❶因僧問云：「清稅❷孤貧❸，請師賑濟。」❹山云：「稅闍梨。」❺稅應諾，山曰：「青原白家酒，三盞吃了，猶道未沾唇。」❻

無門曰：「清稅輸機是何心行❼。曹山具眼深辨來機❽，然雖如是，且道：那裡是稅闍梨吃酒處？」❾

頌曰：「貧似范丹，氣如項羽❿；

活計雖無，敢與鬥富。」⓫

【案語】

❶曹山本寂禪師，生平見上篇第三十五則。

❷清稅即問曹山問題的這位僧徒的姓名，生平不詳。

❸這裡的孤貧有兩種意思，一是指孤苦貧困，這是一般的用法。一是指欲望捨盡，這是禪門的術語，如香嚴所謂貧得「連錐也無」。

❹清稅問這話，當然不是因為沒有錢用，向曹山要求救濟。而是認為自己已洗淨一切欲望，考考曹山要如何度他。

❺闍梨乃是一種尊稱，即僧徒之師之意，曹山直呼清稅的名字，這是禪門接引人的一種方法。因為清稅是明知故問的，所以曹山喚他的名字，就是要點醒他當體即是佛，還要度個什麼？

❻青原白家酒，是指最醇的酒，也就是指的自性。自性人人具足，可是很多人只看到外在的貧富，或只在外在做工夫，而忘了明

心見性，例如大珠與馬祖的公案：

> 大珠初至江西參馬祖，祖問曰：「從何處來？」曰：「越州大
> 雲寺來。」祖曰：「來此擬須何事？」曰：「來求佛法。」祖
> 曰：「自家寶藏不顧，拋家散走作什麼？我這裡一物也無，
> 求什麼佛法！」師遂禮拜，問曰：「阿那個是慧海自家寶
> 藏？」師曰：「即今問我者是汝寶藏，一切具足，更無欠少，
> 使用自在，何假向外求覓。」

　　這和曹山的話是一樣的，自性本來具足，可是「三盞吃了」，
仍不自知，「猶道未沾唇」，還要向外追求。

　　❼清稅是明知故問，無門和尚說他「輸機」，就是指他故意放
一破綻，來考考曹山。

　　❽那料曹山並不是等閒人物，一看清稅不是真正的乞求救濟，
所以立刻斬斷對方的機鋒，一箭射入對方的心窩。

　　❾仍然只有三個字：「稅闍梨」。

　　❿范舟為了侍母，甘願放棄高官厚祿，而安於貧窮。所以他家
雖貧，其氣勢，則有如「力拔山兮氣蓋世」的項羽。

　　⓫這兩句話，一方面是指清稅雖自稱孤貧，卻與曹山鬥法。另
一方面是指雖然貧無立錐之地，但自性具足，卻又是天下最富有之
人。

第十一則　州勘庵主

趙州到一庵主處問：「有麼？有麼？」❶主豎起拳頭❷，州云：「水淺不是泊舡處。」❸便行。又到一庵主處云：「有麼？有麼？」主亦豎起拳頭，州云：「能縱能奪，能殺能活。」❹便作禮。

無門曰：「一般豎起拳頭，為什麼肯一個，不肯一個❺？且道：諸訛在甚處？若向者裡下得一轉語，便見趙州舌頭無骨❻扶起放倒，得大自在。雖然如是，爭奈趙州卻被二庵主勘破❼，若道二庵主有優劣，未具參學眼❽；若道無優劣，亦未具參學眼。」❾

頌曰：「眼流星，機掣電；

　　　　殺人刀，活人劍。」❿

【案語】

❶趙州的這一問，問得很突然。顯然他不是問有人在麼？因為明明有庵主在。所以趙州的問話，乃是直指自性。

❷豎拳也是禪門對答的一種方式。表示自性就在這裡，或我就是真人。

❸船如果停在水淺處，便會攔淺。所以還必須開到深處去。在這裡趙州認為只是豎一個拳頭表示自性就在這裡，是不夠的。因為自性是無住的，豈是豎拳所能表達。

❹在這裡趙州認為豎拳雖然不能表達自性；但作為一種方法來運用，豎拳卻能啟發學生思想，截斷學生攀援心。能斷除一切的欲念，也能開悟學生。

❺須知趙州在這裡肯一個，不肯一個，並不是對庵主本身的修證工夫而言，因為在這則公案裡，前後兩位庵主都是一般的豎拳頭，從字裡行間，看不出一點不同的特色，為什麼趙州要肯一個，不肯一個？事實上，趙州的肯與不肯不是針對庵主，而是指的拳頭作用。就像僧問：「狗子有無佛性？」趙州答有答無，都與那隻狗子本身無關，問題乃是在有無的運用。所以趙州肯一個，不肯一個，乃是指豎拳頭這種方法，只是一種方法，不可誤方法為本體，所以「水淺不是停舡處」。同時運用起來也不可一成不變，該縱的時候是縱，該奪的時候是奪。須殺的時候是殺，須活的時候是活。

❻無骨者，不執著也。趙州的接引學人，完全是隨機應變的，所以有僧問：「什麼是趙州？」趙州回答：「東門、西門、南門、北門。」也就是沒有一定不變的方法。

❼這兩位庵主不是初學之人，當趙州問「有麼」，他們已知趙州來意不善，所以豎一拳以抵擋。可見兩位庵主已看破趙州的主意。

❽兩庵主都是豎一拳頭，那有優劣之分。如果硬要去分優劣，這便是無中生有，便是一種執著。許多學禪之人，看到禪師們舉拂豎拳，拼命在拂子上、拳頭上去索解，豈不是被拂子，和拳頭反而遮住了眼，永遠也看不透。因為當我們看到了禪師舉拂子，豎拳頭，便應該返觀自己的心性，這才是真有參學之眼的學禪者。

❾如果看到了都豎一拳，便說無優劣，這仍然是黏著在拳頭上。拿一個拳頭作標準，而抹煞了真性。所以無論是有優劣也好，無優劣也好，凡是從拳頭上起解的都不是參學之眼。

❿參學之眼靈活如流星，不黏著於一機，而禪機快疾如閃電，更不留於一境。須知殺人之刀，也正是活人之劍。趙州的一句「水

淺不是泊舡處」，表面上是殺，實際上，卻開了一條活路。如果參學之眼在此看不出轉語，便永遠也無法參透趙州的這個「有」，這個「無」。須知任何語言都是死句，如能透得過去，又都變成了通向開悟的活路。

第十二則　巖喚主人

　　瑞巖彥和尚❶每日自喚主人公❷，復自應諾，乃云：「惺惺著！」❸「喏。」「他時異日莫受人瞞。」❹「諾。」

　　無門曰：「瑞巖老子，自買自賣，弄出許多神頭鬼面❺，何故？聻❻，一個喚底，一個應底，一個惺惺底，一個不受人瞞底❼，認著依前還不是❽，若也傚他，總是野狐見解。」❾

　　頌曰：「學道之人不識真，只為從前認識神；

　　　　　　無量劫來生死本，癡人喚作本來人。」❿

【案語】

　　❶瑞巖師彥禪師，俗姓許，福建人，為德山門人巖頭全豁的法嗣，初見巖頭時曾問：「如何是本常理？」巖頭曰：「動也。」瑞巖又問：「動時如何？」巖頭回答：「不是本常理。」瑞巖沉思良久，巖頭又說：「肯即未脫根塵，不肯即永沉生死。」瑞巖自此悟入。

　　❷坐禪時，常參「主人公是誰」。此主人公即真我之意。

　　❸即覺醒起來，不要睡著了，不要被妄念所遮蓋。

　　❹即不受人蒙蔽，也就是不受自己的妄覺所欺騙，去認這個虛假的身體為真我。

　　❺指瑞巖和尚自喚自應，弄出了許多個「我」來，好像神頭鬼面一樣。

　　❻又作聻，讀為賤。這個字寫在符上，作專門驅鬼用的。這裡用了這個字，乃是承接前面的神頭鬼面，而要把他們一喝而散。

❼明明只是一個我，卻一個喚，一個應，一個惺惺，一個不受人瞞，變成了四個。

❽如果執著其中的任何一個，都不是真我。因為喚和應，惺惺和不受人瞞者，都是感覺作用。

❾野狐禪的典故出自百丈和野狐的故事，見下篇第二則公案。後來凡是那些把禪說得神奇古怪、不合正法的，都稱為野狐禪。

❿真是指真性，神是指精神意識作用。許多學禪的人往往誤以為自己的精神意識作用即真性。殊不知這個意識，乃是欲望的根源，生死的根本。

【附語】

從無門和尚的評唱和頌語中，可以看出無門和尚對瑞巖的作法是「不肯」的，可是瑞巖究竟錯在什麼地方？有許多禪門的公案，常描寫禪師們故意喚僧徒的名字，該僧徒應諾一聲，禪師們便說這個應諾的就是真性。可是為什麼瑞巖的自喚自應，卻又變成了野狐禪？這是因為禪師呼喚僧徒的名字，乃是藉此讓僧徒了解當體的存在，迴光返照，去向心性中的工夫。而瑞巖只有自己一人，應該閉緊嘴巴做工夫，可是還要呼喚主人公，然後自己回答，這豈不是自己把自己分裂成二？然後一再叮嚀自己不要受人瞞，這又是把自己分成了兩個。所以無門和尚認為這種作法，乃是野狐禪。而無門和尚之所以特別提出這公案，無非藉此以說明用呼名喚姓的方法啟發自性，乃是一種方便。卻不可像瑞巖那樣的執著，以指為月了。

第十三則　德山托缽

德山❶一日托缽下堂，見雪峰❷問：「者老漢鐘未鳴，鼓未響，托缽向什麼處去？」山便回方丈❸。峰舉似巖頭❹，頭云：「大小德山❺，未會末後句。」❻山聞，令侍者喚巖頭來，問曰：「汝不肯老僧那？」巖頭密啟其意，山乃休去。明日陞座，果與尋常不同。巖頭至僧堂前拊掌，大笑云：「且喜得老漢會末後句，他後天下，不奈伊何！」❼

無門曰：「若是末後句，巖頭德山俱未夢見在❽，檢點將來，好似一棚傀儡。」❾

頌曰：「識得最初句，便會末後句；

　　　　末後與最初，不是者一句。」❿

【案語】

❶德山宣鑒禪師，生平見上篇第三十四則。

❷雪峰義存禪師，生平見上篇第三十六則。

❸這一段故事如就普通人的看法，一點也沒有奇特之處，因為德山托缽去吃飯，雪峰在廚房任伙頭，這時飯尚未熟（根據《傳燈錄》所載是：「雪峰在德山作飯頭，一日飯遲，德山擎缽下法堂。」），所以雪峰說用餐的鐘鼓未響，你來作什麼。德山聽了這話，便走回方丈室。這是很自然的現象。可是禪門的機鋒，往往都是就最平凡的事情中表現出來的。在這裡雪峰問德山的話，是暗指鐘未鳴，鼓未響之前，這是絕對的境界，也就是指德山的真我。托

缽吃飯的是這個肉體，真我又那裡需要吃飯？但「山便回方丈」可能有兩種情形，一是德山並未把雪峰的話當禪機來看，既然飯未熟，便回去吧！一是德山知雪峰的意思，故意不答而回。這才引起雪峰的懷疑，不知德山這樣默然無聲的回去，是何用意，所以便把這段公案請教巖頭。

　　❹巖頭全豁禪師，俗姓柯，福建人，曾謁仰山，後參德山。和雪峰是同門的師兄弟，在上篇第三十六則曾描寫過他們鼇山成道的故事，從這故事中可以看出巖頭似乎比雪峰較早開悟，而且思想也較為尖銳。可能也正由於他較尖銳，反不如雪峰的門庭之盛。巖頭的尖銳處可以從以下兩則公案中看出：

> 後參德山和尚，執坐具上法堂瞻視，德山曰：「作麼？」師咄之，德山曰：「老僧過在什麼處？」師曰：「兩重公案。」

> 羅山禮拜問曰：「和尚豈不是三十年在洞山而不肯洞山？」師曰：「是。」又曰：「和尚豈不是法嗣德山，又不肯德山？」師曰：「是。」曰：「不肯德山即不問，只如洞山有何所關？」師良久曰：「洞山好個佛，只是無光。」

由此可見巖頭的思想非常特立獨行，不常輕許人。

　　❺大小德山是指德山和雪峰師徒。

　　❻巖頭喜說「末後句」，所謂末後句，據樂普元安（火山會之法嗣）禪師的解釋是：「末後一句，始到牢關，鎖斷要津，不通凡聖。」

　　所謂牢關是三關之一。三關即初關、重關和牢關。依據《雍正御選語錄・序》中對三關的描寫：

學人初登解脫之門，乍釋業繫之苦，覺山河大地十方虛空，並解消殞，不為從上古錐舌頭之所瞞，識得現在七尺之軀，不過地水火風，自然徹底清淨，不掛一絲，是則為初步破參，前後際斷者（即初關）。破本參後，乃知山者山，河者河，大地者大地，十方虛空者虛空，地水火風者地水火風，乃至無明者無明，煩惱者煩惱，色聲香味觸法者色聲香味觸法，盡是本分。皆是菩提，無一物非我身，無一物非我自己，境智融通，色空無礙，獲大自在，常住不動，是則名為透重關。名為大死大活者。透重關後，家舍即在途中，途中不離家舍，明頭也合，暗頭也合，寂即是照，照即是寂，行斯住斯，體斯用斯，空斯有斯，古斯今斯，無生故長生，無滅故長滅，如斯惺惺行履，無明執著，自然消落，方能踏末後一關（即牢關）。

可知初關和重關只是破我法二執，而牢關乃是證不生不滅自在無礙的真性。所以末後句就是到達牢關，大徹大悟後的究竟之語。

末後句有點像「第一義諦」，但第一義諦是指的絕對境界；而末後句仍然涉於語言，如《佛學大辭典》上引碧巖種電鈔一坤曰：「到徹悟極處吐至極語，更無語句過之者，謂末後一句，於至極一句不通凡聖，故云牢關也。」

❼這段故事，非常抽象，「巖頭密啟其意」，不知是什麼意，「山乃休去」，也不知是肯與不肯。而德山第二天陞座「果與尋常不同」，也沒有寫出究竟和平常有什麼不同。據《傳燈錄》的記載，巖頭在說了「他後天下人不奈何」之後，接著說：「雖然如是，也祇得三年。」後來德山「三年後果然遷化矣」。可見這是在德山晚

年，德山是位大禪師，尤其到了晚年，其成就更是爐火純青，但從這段故事裡，卻表現出巖頭比德山更為高明。我們無意懷疑這段故事的真實性。不過這段故事是寫在巖頭傳中，是以巖頭為主角。同時，從表現中，也可證明巖頭的鋒芒畢露。

❽無門在這裡只指巖頭和德山，而不提雪峰，這是因為巖頭曾批評「大小德山，未會末後句」，所以提德山，已包括了雪峰。

❾這場公案像一齣傀儡戲，德山、雪峰和巖頭都是傀儡，都被「末後句」的繩子牽著跑。

❿無門製造了一個最初句是針對末後句而言，並無特殊深意，只是說明無論最初也好，末後也好，通則全通，悟則全悟。但真正由最初和末後所悟入的境界，卻不是這一句。因為有一句，仍然是有文字，如果拼命追求末後句，反而變成了一種執著。所以真正把巖頭的末後句運用得恰當，就像趙州的「無」一樣，不要作「前後」會，不要作「最後」會，而在於真正悟道後的自然流露。

第十四則　南泉斬貓

　　南泉和尚因東西兩堂爭貓兒，泉乃提起云：「大眾道得即救，道不得即斬卻也。」眾無對，泉遂斬之，晚趙州外歸，泉舉似州，州乃脫屨安頭上而出，泉云：「子若在，即救得貓兒也。」❶

　　無門曰：「且道趙州頂草鞋意作麼生？若向這裡下得一轉語，便見南泉令不虛行，其或未然，險。」❷

　　頌曰：「趙州若在，倒行此令❸；

　　　　　　奪卻刀子，南泉乞命。」❹

【案語】

　　❶南泉普願禪師的生平及斬貓的公案，見上篇第十九則。

　　❷對於這則公案，我們必須透過趙州脫屨安頭上的暗喻，去了解南泉的本意；否則斬貓變成了極殘酷之事，而趙州的戴屨頭上，也變成了鬧劇，豈不是瘋狂之極，所以說：「險。」

　　❸南泉之令為「大眾道得即救，道不得即斬卻也」。趙州脫屨安頭上，是倒行的作法，暗喻如果南泉倒過來說：「大眾道得即斬，道不得即救也。」豈不是救了貓兒的命。

　　❹趙州這一倒行的作法，不僅奪下了南泉的刀子，救了貓兒的命；同時也指出南泉的處理不當，逼得南泉乞命。

第十五則　洞山三頓

雲門❶因洞山❷參次，門問曰：「近離甚處？」　山云：「查渡。」門曰：「夏在甚處？」山云：「湖南報慈。」門曰：「幾時離彼？」山云：「八月二十五。」門曰：「放汝三頓棒。」❸山至明日，卻上問訊：「昨日蒙和尚放三頓棒，不知過在甚麼處？」❹門曰：「飯袋子，江西湖南，便怎麼去。」❺山於此大悟。

無門曰：「雲門當時便與本分草料❻，使洞山別有生機一路❼，家門不致寂寥，一夜在是非海裡著倒，直待天明再來。又與他注破，洞山直下悟去，未是性燥，且問諸人，洞山三頓棒合吃不合吃，若道合吃，草木叢林皆合吃棒❽；若道不合吃，雲門又成誑語，向者裡明得，方與洞山出一口氣。」

頌曰：「獅子教兒迷子訣，擬前跳躑早翻身❾；

　　　無端再敘當頭著，前箭猶輕後箭深。」❿

【案語】

❶雲門文偃禪師，生平見上篇第三十七則。

❷洞山守初禪師，生平不詳，為雲門的法嗣。他著名的公案有下篇第十八則的「麻三斤」。

❸禪師們當僧徒新來時，常問他們：「近離什麼處？」這話有時是問實際情形，有時是考驗僧徒的機鋒。如果該僧不夠機伶，答以實際情形，這尚不算錯。於是禪師再緊逼著問他一個問題，這第二個問題多半是問他的真我的，如果他再答以實際的情形的話，便

會挨棒了。可是洞山守初在第三次問話時,仍然答以實際情形,所以雲門要給他三頓棒。

❹洞山是初參雲門,以前也許從未經驗過禪門的機鋒,他的思想非常單純,被雲門賜了三頓棒後,仍然不知原因,想了一晚,還是莫名其妙,所以第二天又去請教雲門。

❺雲門直截的點醒他:你這個飯桶,只會吃飯,不會用腦,你要想想,由江西到湖南,你是憑什麼去的?當然一般人都知道是走去的,但洞山一再的請教雲門,雲門會問這樣不相干的問題嗎?所以再單純的人,在這裡也會想到,雲門是話中有話了。他不是問這個肉體,而是問使自己能走的真我。

❻普通草料只是營養肉體的,而本分草料乃是精神的食糧,是要顯露真我的。

❼即是向上一路,見性成佛。

❽合吃,因為洞山畢竟不是草木叢林。草木叢林沒有靈性,不必吃棒。而洞山吃了三頓棒後,便會晝思夜想,有豁然而悟的一天。

❾母獅教幼獅學習跳躍的工夫,乃是故意把幼獅放在岩石上或洞底,逼牠們自己鍛鍊本領,而此處乃是借喻為禪師不先點破對方,讓徒弟在錯誤中摸索、鍛鍊,最後自然會有一身靈活的工夫。這個方法西哲蘇格拉底也用過,即所謂產婆法,用各種對話,使學生自陷於矛盾,發現自己以前觀念的錯誤,而悟出真正的道理。在禪門這種方法是極為普遍的,如洞山良价參雲巖時,雲巖始終沒有向他說法,也沒有正面提示他,逼得洞山良价離開雲巖,後因過水睹影而悟道。後來洞山良价反而感激雲巖的沒有為他說破,《傳燈錄》上曾記載:

因為雲巖諱日營齋，有僧問：「和尚於先師處得何指示？」師曰：「雖在彼中，不蒙他指示。」僧曰：「既不蒙指示，又用設齋作什麼？」師曰：「雖然如此，焉敢違背於他。」僧問：「和尚初見南泉發跡，為什麼與雲巖設齋？」師曰：「我不重先師道德，亦不為佛法，只重不為我說破。」

所謂「不說破」，並非真正的不說，而是任學生在痛苦的探索中去自求開悟，這種方法顯然比蘇格拉底的產婆法更為徹底了。

❿在表面上，好像沒有什麼道理的給了三頓棒之後，第二天，又給他重重的打了一棒，這一棒卻比以前的要打得深，深入了他的心窩，觸及了他的真我，使他因而大悟。

第十六則 鐘聲七條

雲門曰：「世界恁麼廣闊，因甚向鐘聲裡被七條？」❶

無門曰：「大凡參禪學道，切忌隨聲逐色❷，縱使聞聲悟道，見色明心，也是尋常❸，殊不知衲僧家騎聲蓋色，頭頭上明，著著上妙❹，然雖如是，且道聲來耳畔，耳往聲邊，直饒響寂雙忘❺，到此如何話會，若將耳聽應難會，眼處聞聲方始親。」❻

頌曰：「會則事同一家，不會萬別千差❼；

　　　　不會事同一家，會則萬別千差。」❽

【案語】

❶七條，袈裟之一種，因由七條布湊成，所以稱七條。這句話的意思是世界這樣的遼闊，為什麼不放開心胸，去和自然打成一片。而只知聽鐘聲，披袈裟。在這裡雲門並不是指僧眾修道的生活不好；而是認為每天只知聽鐘聲，披袈裟，做一天和尚撞一天鐘，糊糊塗塗過日子是毫無意義的。

❷隨聲逐色，這是執著於聲色，為外境所轉。這在普通人，也是大忌，何況參禪學道之人。

❸在一般的眼光中，聞聲悟道，見色明心，應該是了不起的成就了，因為在禪宗的文獻裡，很多這樣的故事，如香嚴的擊竹而悟道，靈雲的睹桃花而悟道。但真正在禪的境界來說，這猶是初步。這種悟境也只是光影門頭，稍縱即逝。還須百尺竿頭，深下工夫。如果執著以為是一種成就，這與一般人的隨聲逐色，也只是五十步

笑百步而已。所以無門認為這也只是尋常之事，不足道也。

❹所謂騎聲蓋色者，不僅不逐於聲色；而且在聲色，又能超聲色。從聲色上悟道，卻不滯於一聲一色，正如莊子所謂的：「物物而不物於物。」無門此處「頭頭上明，著著上妙」，就是指對於任何聲色，都能悟道而得大自在。不是只靠一境而悟，悟後仍徘徊於一境。

❺「聲來耳畔」時，不為聲所轉，這是響忘。但忘響並非死寂，所以「耳往聲邊」，又能處處聞聲，這是寂忘。

❻這兩句是洞山和雲巖討論無情說法後所呈的偈子，其意思是單由耳去聽，只是用耳逐聲，執著於境，又如何能聽到無聲之聲。如用眼去聽，這是指已打破了聲色的執著，外界的一切相攝相容，眼能聞聲，耳能視色，這正是圓融無礙的境界。

❼能悟，則「天地與我並生，萬物與我為一」（《莊子・齊物論》），萬物一理，本同一家；如不能悟，則「肝膽楚越」（《莊子・齊物論》），萬象森羅，一切都是差別。

❽「前箭猶輕後箭深」，如果只說前兩句話，猶只說到理世界，法世界。可是補上後兩句，進入了理事無礙、事事無礙的境界，使這首頌的意義，顯得極深刻，而有意味。這兩句話的意義是說：如不能悟，則往往強不同以為同，不平以為平，這是遷人就己；相反，能悟，則「萬別千差明底事，山自高兮水自深」（洞山偈語），所以又是見山是山，見水是水；高的還它一個高，底的還它一個低，萬象雖然森羅，卻相攝而無礙。

第十七則　國師三喚

國師❶三喚侍者，侍者三應❷。國師云：「將謂吾辜負汝，元來卻是汝辜負吾。」❸

無門曰：「國師三喚舌頭墮地❹，侍者三應，和光吐出❺，國師年老心孤，按牛頭吃草❻，侍者未肯承當，美食不中飽人餐❼，且道那裡是他辜負處，國清才子貴，家富小兒嬌。」❽

頌曰：「鐵枷無孔要人擔，累及兒孫不等閒❾；
　　　　欲得撐門並拄戶，更須赤腳上刀山。」❿

【案語】

❶慧忠國師，生平見上篇第十二則。

❷在禪的公案裡，當禪師喚僧徒的姓名時，往往有兩種情形：一是普通的呼喚，一是用呼喚的方法，以點醒對方真我的存在。如果是前者，當對方答應後，禪師必定會差他做些什麼事。可是在這則公案裡，慧忠一再的喚侍者，而沒有交他任務去做，顯然不是普通的呼喚，而是要喚醒真我。

❸慧忠喚了侍者三次，侍者應諾了三次，都沒有任何表現。所以慧忠說：還以為我沒有好好的教導你，原來你根本沒有一點靈性，辜負了我一再的教導。

❹舌頭都被喚得掉了出來，以喻慧忠的苦口婆心。

❺慧忠的三次呼喚，就像三道智慧的光芒，要去照出侍者的真我，可是被侍者三度盲目的應諾，全盤擋了回來。

❻慧忠年老了，也許閒得無事做，才會如此不厭其煩的按著牛頭要牠吃草。

❼那料這隻小笨牛，不能承受。肚子裡一堆草包，實實的，再好的東西也吃不下。

❽這是無門反過來調侃慧忠：說什麼辜負不辜負，如果你慧忠的禪門鼎盛的話，自然有傑出的徒弟。現在你有這麼一位三喚也不悟的侍者，又能怪誰呢！

❾無門以為慧忠的考驗方法，就像一個無孔的鐵枷鎖，既是鐵做的，非常重；又是無孔的，套不進頭。像這樣的一個鐵枷鎖，叫人如何承擔。這個鐵枷鎖也象徵傳法，要使得他的弟子都成為不等閒之輩。

❿慧忠如果想要弟子來撐門拄戶，開展他的禪風，還必須使弟子能赤腳上刀山這樣地下苦工鍛鍊。

第十八則　洞山三斤

　　洞山和尚❶因僧問：「如何是佛？」山云：「麻三斤。」❷

　　無門曰：「洞山老人參得些蚌蛤禪，才開兩片露出肝腸❸，然
雖如是，且道向甚處見洞山。」❹

　　頌曰：「突出麻三斤，言親意更親❺；

　　　　　　來說是非者，便是是非人。」❻

【案語】

　　❶洞山守初禪師，生平見下篇第十五則。

　　❷問如何是佛，也是常見的公案。禪師們的回答，各不相同，
如：

　　　　趙州從諗：「殿裡底。」

　　　　長沙景岑：「眾生色身是。」

　　　　德山宣鑒：「佛即是西天老比丘。」

　　　　石頭希遷：「汝無佛性。」

　　這些回答尚有理路可尋，但洞山的「麻三斤」，卻是整個截斷
了思路。圜悟克勤在《碧巖錄》中曾評唱這個公案說：

　　　　這個公案，多少人錯會。直是難咬嚼，無儞下口處。何故？
淡而無味。古人有多少答佛話。或云：殿裡底，或云三十二
相，或云杖林山下竹筋鞭。及至洞山卻道：麻三斤。不妨截

斷古人舌頭，人多作話會道。洞山是時在庫下秤麻，有僧問，所以如此答。有底道，洞山問東答西，有底道，儞是佛，更去問佛，所以洞山遠路答之。死漢更有一般道，只這麻三斤便是佛，且得沒交涉，儞若恁麼去洞山句下尋討，參到彌勒佛下生，也未夢見在。

　　也就是說任何研究洞山說「麻三斤」之意的，都是錯誤。譬如我們撥錯了電話問：「王某在家嗎？」對方或說：「我是李某。」或說：「你錯了。」或說：「什麼？」或乾脆砰的一聲掛斷了電話。在這一個尷尬的局面，我們根本不必要去研究對方答話的方式是什麼意思，我們立刻知道「是我錯了」，趕快去查正確的號碼。同樣，當我們聽到「麻三斤」後，不應再去問洞山在幹什麼，而應了解自己是問錯了，趕快迴光返照，直探自己的內心。

　　❸喻洞山的禪風非常直截明瞭，像蚌蛤一樣，一開口，便露出了肝腸。

　　❹既然洞山禪是開口露肝腸，應該很容易了解，為什麼無門還要問：「向甚處見洞山？」因為洞山之意不在麻三斤。此處不能透過，反而覿面不識，愈轉愈遠。

　　❺任何有理路可尋者，只是文字禪將會愈求愈遠，而一個「麻三斤」，毫無文字脈絡可尋，反而最為親切。

　　❻對於洞山的這個公案，最簡截的作法，就是把佛放下，把麻三斤放下。任何解釋無論是或非，都是錯誤的。因為非固然是錯了，即使解釋得很有理，但只是在文字上求解，和自己心性毫無交涉，所以仍然是錯的。

第十九則　平常是道

　　南泉因趙州問：「如何是道？」泉云：「平常心是道。」州云：「還可趣向否？」泉云：「擬向即乖。」州云：「不擬爭知是道？」泉云：「道不屬知，不屬不知，知是妄覺，不知是無記，若真達不疑之道，猶如太虛廓然洞豁，豈可強是非也！」州於言下頓悟。

　　無門曰：「南泉被趙州發問，直得瓦解冰消，分疏不下。趙州縱饒悟去，更參三十年始得。」

　　頌曰：「春有百花秋有月，夏有涼風冬有雪；
　　　　　　若無閒事掛心頭，便是人間好時節。」

【案語】

　　本則公案，詳見上篇第二十四則。

第二十則　大力量人

松源和尚❶云：「大力量人，因甚擡腳不起？」❷又云：「開口不在舌頭上。」❸

無門曰：「松源可謂傾腸倒腹，只是缺人承當。縱饒直下承當，正好來無門處吃痛棒❹。何故？聻，要識真金火裡看。」❺

頌曰：「擡腳踏翻香水海❻，低頭俯視四禪天❼；
　　　一個渾身無處著❽，請續一句。」❾

【案語】

❶松源和尚與無門和尚是同時代的人物，也是《無門關》一書中時間最後的一位禪師。

❷大力量人是指大徹大悟的人，也是臨濟所謂的無位真人。他的法身和法界打成一片，無位可居。因此自然無空間可以移腳。大凡舉手擡腳都是現象邊事，而非本體，而非真性。

❸開口講話，必須動舌。動了舌，就有文字語言，就有是非執著，所以一般稱搬弄是非的人為弄舌之人，佛學上也稱為兩舌。此處所謂「開口不在舌頭上」，也就是不要黏著在語言上的意思，正如百丈所說：「併卻咽喉唇吻，速道將來。」

❹既然直下承當，為什麼無門還要給他吃痛棒呢？因為那仍然是知解。

❺真正要悟入，還須要痛下工夫。能經得住爐火鍛鍊的，才是真金。

❻香水海是指圍繞須彌山的內海，都是香水。這是比喻無邊的空間。這位悟道之人，一腳踏破香水海，即是比喻絕對本體，超越時空。

❼四禪天指修四種禪定所生的色界四天處。本句的意思乃是超出了這色界四天，所以才能低頭俯視。

❽大悟之人，與虛空同體，所以逍遙自在，無處可著。

❾千萬不要去續這一句，因為這是無門佈下的陷阱。續得再好，也還是文字語句，也還是拾無門的牙慧，仍然要挨無門的痛棒，所以在此處，應該向自己的心性中去參。

第二十一則　雲門屎橛

雲門因僧問：「如何是佛？」門云：「乾屎橛。」❶

無門曰：「雲門可謂家貧難辦素食，事忙不及草書❷，動便將屎橛來撐門拄戶，佛法興廢可見。」❸

頌曰：「閃電光，擊石火；

　　　　眨得眼，已蹉過。」❹

【案語】

❶乾屎橛，是古代貧窮的地方，沒有衛生紙，而用竹棒來擦屎，所以這是最髒的東西，可是雲門卻以它來回答僧徒問佛。在雲門的眼中，僧徒問「如何是佛」，已把佛看成了一個東西，使佛頭著糞，所以他一棒打回去，打得該僧滿頭是糞。

雲門的「乾屎橛」和洞山的「麻三斤」大同小異，都是要截斷對方的思想。所以不要在「乾屎橛」上大做文章。否則使佛頭著地，罪過！罪過！

❷雲門的機鋒是非常快疾的，正像家貧，那裡顧得了素食；事忙，那裡管得了草書。

❸雲門用乾屎橛來杜對方的口，這是不得已的。正因為當時大家都把佛看成了一個東西，任意攀援，所以雲門才以極端激烈的手法，痛下針砭。從雲門的這種作法，也可以看出佛法衰微的一斑了。

❹雲門的鋒芒像閃電光，擊石火般快速，如果不能對機，則一眨眼，便會千差萬錯。

第二十二則　迦葉剎竿

　　迦葉因阿難❶問云：「世尊傳金襴袈裟❷外，別傳何物？」葉喚云：「阿難！」難應諾❸。葉云：「倒卻門前剎竿著。」❹

　　無門曰：「若向者裡下得一轉語親切，便見靈山一會儼然未散❺，其或未然，毘婆尸佛早留心，直至而今不得妙。」❻

　　頌曰：「問處何如答處親，幾人於此眼生筋❼；
　　　　　　兄呼弟應揚家醜，不屬陰陽別是春。」❽

【案語】

　　❶阿難，為阿難陀之略，世尊的從弟，十大弟子之一。廿五歲出家，跟隨世尊直至圓寂，記憶最佳。為禪宗印度法系的第二祖。

　　❷即金縷織成的袈裟，此處為禪宗傳燈的信物。

　　❸當阿難問除了袈裟外，還傳何物？迦葉立即喚「阿難」的姓名，點醒阿難，所傳者，就是這個真我。

　　❹當禪師講經時，廟門前往往樹一根旗竿。當經講畢時，旗竿就收起來。現在迦葉說：「倒卻門前剎竿著。」也就是暗喻已把禪燈傳給阿難了。因為迦葉呼喚，阿難應諾，這表示已喚醒了阿難，心心相傳。

　　❺靈山會上是，展顏微笑，而此處是一呼一應，所傳的真心只有一個，所以說禪燈相繼，儼然未散。

　　❻毘婆尸佛是世尊當時七佛中的第一位，這裡是象徵時間之久遠。也就是說如果不能體會，即使在毘婆尸佛時已苦參，直參到今

天仍然未悟其妙。

　　❼阿難所問，只是外在衣缽或法理；迦葉所答，乃直喚真性，所以迦葉答處才是至親，可是多少人在這裡眼睛生筋，見有所障，看不分明，還以為迦葉答非所問。

　　❽此處家醜者，並不是真指醜事，而是指的秘密。由於迦葉和阿難的一呼一應，喚出了禪門所傳的真心自性，也喚出了不屬於陰陽變化的精神上的春天。

第二十三則　不思善惡

　　六祖因明上座❶趁至大庾嶺，祖見明至，即擲衣鉢於石上云：「此衣表信，可力爭耶？任君將去。」明遂舉之，如山不動，踟躕悚慄，明曰：「我來求法，非為衣也。願行者開示。」祖云：「不思善，不思惡，正與麼時，那個是明上座本來面目？」❷明當下大悟，遍體汗流，泣涙作禮問曰：「上來密語密意外，還更有意旨否？」祖曰：「我今為汝說者，即非密也，汝若返照自己面目，密卻在汝邊。」❸明云：「某甲雖在黃梅隨眾，實未省自己面目，今蒙指授入處，如人飲水，冷暖自知，今行者即是某甲師也。」祖云：「汝若如是，則吾與汝同師黃梅，善自護持。」

　　無門曰：「六祖可謂是事出急家❹，老婆心切，譬如新荔支剝了殼，去了核，送在儞口裡，只要儞嚥一嚥。」

　　頌曰：「描不成兮畫不就，贊不及兮休生受❺；

　　　　　　本來面目沒處藏，世界壞時渠不朽。」❻

【案語】

　　❶道明禪師，本為陳宣帝的裔孫，國亡，流落民間。少時出家，歸依五祖。

　　❷見上篇第七則。

　　❸禪門的這個「密」字，頗有深意。這個「密」並非西洋哲學上所謂神秘主義的「密」。這個「密」乃是指雖然不可以文字語言表達，但是卻清清楚楚的在你心中。禪門講「密」之外，也講

「露」，露也就是把這個「密」披露出來。如果你真正向內知道這個「密」，也就是「露」，如僧問法眼：「如何披露即得與道相應？」法眼說：「汝幾時披露即與道不相應。」也就是說只要明心見性，便能披露而與道相合。

❹急於行救人之事。

❺這個本來面目，不能用文字語言描畫和讚美；也不可能隨便地就得到。因為不知道多少人聽到禪門講本來面目，他們也隨便的返觀一下，以為所見的就是本來面目，其實那都是八識田裡的雜種，迷頭認影，又如何能見本來面目。

❻本來面目雖然「密在汝邊」，但卻無處可藏，正如莊子所謂「藏天下於天下」，它是與虛空同存，因此世界壞時，此身滅時，本來面目卻依然故我。

第二十四則　離卻語言

　　風穴和尚❶因僧問：「語默涉離微❷，如何通不犯？」❸穴云：
「長憶江南三月裡，鷓鴣啼處百花香。」❹

　　無門曰：「風穴機如掣電，得路便行❺。爭奈坐前人舌頭不斷，
若向者裡見得真切，自有出身之路❻。且離卻語言三昧，道將一句
來。」❼

　　頌曰：「不露風骨句，未語先分付❽；
　　　　　　進步口喃喃，知君大罔措。」❾

【案語】

　　❶風穴延沼禪師，浙江人，為臨濟宗的法嗣，汝州南院的門
人。

　　❷離微兩字，詳見於僧肇《寶藏論・離微體淨品》：

　　　其入離，其出微。知入離外，塵無所依；知出微內，心無所
　　　為。內心無所為，諸見不能移。外塵無所依，萬有不能機。
　　　萬有不能機，想慮不乘馳。諸見不能移，寂滅不思議，可謂
　　　本淨體離微也。

　　這是指入於內是離，出於外是微。語言和靜默，總會牽涉到念
的出入。

　　❸這個和尚是問，究竟要如何使得語也好，默也好，沒有出入
的分別相。

❹風穴沒有直接回答他的問題，因為無論風穴怎樣解釋，都是語上加語，念上添念，又如何能掃盡對方的執著，所以他引證了古人的兩句詩：「長憶江南三月裡，鷓鴣啼處百花香。」試看這兩句詩是語，是默，是出，是入？如果我們看到了這兩句詩，還要去分一個是語，是默，是出，是入的話，那我們的心真是乾屎橛了，因為在這樣一片美麗的風光中，我們的心完全進入自在三昧，還有什麼語默的分別值得去討論呢！

❺風穴的機鋒如閃電，當對方提出問題，他非但不為對方的問題所左右，而且立刻展現出一片好風景，讓大家共享。風穴引證的這兩句詩是一條超脫語默的向上之路。

❻可惜後人仍然喜歡在文字語言上探索，概念名相上分析，把自己陷在妄念執著中，出不了身，正如百丈法嗣古靈神讚說：「世界如許廣闊，不肯出，鑽他故紙，驢年出得。」

❼這兩句詩無論如何美好，我們陶醉在詩境中，無論如何自在，但那畢竟是屬於語言三昧。真參實證的工夫，還須從自己的心性中吐一句出來。無門和尚在這裡點醒我們，在語言三昧之中，還須迴光返照，照見真我。

❽風骨句是指最精鍊的文句。這兩句話的意思是說：即使最精鍊的文字也不說一句，在無言中，以心傳心。

❾如果你稍有點成就口中便一再的喃喃自語，執著文字語言之相，這適足以證明你內心未悟。正如老子所謂「知者不言，言者不知」。

第二十五則 三座說法

仰山和尚❶夢見往彌勒第三座❷，有一尊者白槌云：「今日當第三座說法。」山乃起白槌云：「摩訶衍法離四句絕百非❸，諦聽諦聽。」

無門曰：「且道是說法不說法，開口即失，閉口又喪❹，不開不閉，十萬八千。」❺

頌曰：「白日青天，夢中說夢❻；

　　　　捏怪捏怪，誑諕一眾。」❼

【案語】

❶仰山慧寂禪師，生平見上篇第三十則。

❷即暗喻以遊戲三昧而進入彌勒佛的第三個座位。

❸四句即指四句分別：有、空、亦有亦空、非有非空。而百非為由四句衍生的各種名相概念。所以此處的意思是指大乘佛法超絕了一切概念的執著。

❹開口已著於語言文字，閉口又落於虛無寂滅。所以不執於有，便執於無，都非中道。

❺不開不閉者，仍然離道相距十萬八千。因為道必須在自己心性中去真參實證，只在開口與閉口，或不開不閉上講求，就像「語默涉離微」一樣，仍然逃不了概念的遊戲，說得再高明，也正如德山所謂：

　　窮諸玄辯，若一毫置於太虛；

　　竭世樞機，似一滴投於巨壑。

　　在這裡，無門認為不僅四句百非都是戲論，即使離四句絕百非，也還不夠圓融。

　　❻人生是一場大夢，在這場大夢中，又有無數的小夢。有夜夢，也有白日夢。正如莊子在〈齊物論〉中所描寫的：

　　方其夢也，不知其夢也。夢之中又占其夢焉，覺而後知其夢也。且有大覺而後知其大夢也。

　　在無門的眼中，仰山夢見「往彌勒第三座」，這是做夢；而在夢中，又說「摩訶衍法離四句絕百非」，這是夢中又說夢話。須知所有用文字語言所說的法都是夢話，有一次溈山問仰山：

　　涅槃經四十卷，多少佛說，多少魔說？

　　仰山回答：

　　總是魔說。

　　只要一有執著，便是魔說，也都是夢話。

　　❼這首頌是無門借仰山的故事，指出我們都是做夢。表面上是說仰山的做夢講法是欺騙大眾，但問題的箭頭卻直指我們，因為是我們在做夢，欺騙自己。法無好壞，不執是佛說，執著便是魔說。我們一聽佛法，拘泥不化。在文字語言上苦索，希望找出一個佛來，豈不是欺騙自己。

第二十六則　二僧卷簾

　　清涼大法眼❶因僧齋前上參，眼以手指簾，時有二僧同去卷簾。眼曰：「一得一失。」❷

　　無門曰：「且道：是誰得誰失？若向者裡著得一隻眼❸，便知清涼國師敗闕處❹，然雖如是，切忌向得失裡商量。」❺

　　頌曰：「卷起明明徹太空，太空猶未合吾宗❻；

　　　　　　爭似從空都放下，綿綿密密不通風。」❼

【案語】

　　❶清涼法眼文益禪師，生平見上篇第四十則。

　　❷法眼說「一得一失」，並沒有指出誰得誰失。事實上，這兩位僧徒同時去捲簾，根本分不清是誰得誰失。但法眼說「一得一失」者，乃是指兩位僧徒去捲簾，即是起了用，凡是一落動用，便是相對法，便有得有失。不過這裡的得失的「得」，並非是指的開悟，而是相對於「失」的「得」。也許捲簾的繩索只有一條，所以兩人同去捲簾，必有一得一失。

　　❸兩隻眼是肉眼，是相對的眼；而一隻眼是悟眼，是絕對的眼。

　　❹此處清涼國師即是指法眼。為什麼無門認為「著得一隻眼」，「便知清涼國師敗闕處」，這裡所謂「敗闕處」，並非是指法眼的錯誤，而是指法眼所留的「破綻」。這「破綻」即是讓人知道一落動用，便有「一得一失」。所以法眼的敗闕處，正是開了一條向上之

路。

❺在得失裡商量，仍然囿於得失。

❻捲起簾來，雖然可以看清太空；但太空仍然偏於空相，並不是禪的真心。很多學禪者看到許多禪宗的公案和詩偈，都是在描寫外在的空靈，便以為投身在虛空的大自然中，便是證道。其實那又是被外境所轉了。

❼所謂「從空都放下」者，並不是再把簾子放下，以隔絕外在，這樣逃空仍然為空所轉。所謂「空」都放下者，乃是不執著於空。面對太空，而能返觀內照，在自己心地上做工夫，使外空內也空。所謂「綿綿密密不通風」者，是指工夫的成熟，使得心地完滿無漏，正如莊子所說：「無門無毒。」不執著於一機一境。

第二十七則　不是心佛

南泉和尚因僧問云：「還有不與人說底法麼？」　❶泉云：「有。」僧云：「如何是不與人說底法？」泉云：「不是心，不是佛，不是物。」❷

無門曰：「南泉被者一問，直得揣盡家私、郎當不少。」❸

頌曰：「叮嚀損君德，無言真有功❹；

　　　　　任從滄海變，終不為君通。」❺

【案語】

❶「不與人說底法」，和「不與萬法為侶者」是同樣的意思。是指不藉語言文字表達的那個絕對的真如實相。也就是老子所謂「道可道，非常道」的常道。

❷這個僧徒真該挨棒，明知是「不與人說底法」，偏偏還要南泉說，幸虧南泉這時尚有耐心，向他說：「不是心，不是佛，不是物。」關於這個故事，《傳燈錄》中還有大同小異的記載：

> 師有時云：「江西馬祖說即心即佛，王老師（指南泉自己）不恁麼道。不是心，不是佛，不是物。恁麼道，還有過麼？」趙州禮拜而出，時有一僧隨問趙州云：「上座禮拜了便出，意作麼生？」趙州云：「汝卻問取和尚。」僧上問曰：「適來諗上座意作麼生？」師云：「他卻領得老僧意旨。」

從這段公案，再反觀南泉所謂「不是心，不是佛，不是物」的

意思便很清楚了。因為這位僧徒明明問「不與人說底法」，而偏偏想要在語言上去討個實體，想抓個心，求個佛，或找個物，所以南泉先聲奪人，給他一棒說：「不是心，不是佛，不是物。」也就是說什麼都不是，而是你自己。所以當趙州聽到這話，不答一聲，禮拜而去，表示他已心領，不再言說，而退下去做工夫，南泉就認為趙州已得到了要領。

❸這是說南泉被他一問，和盤托出，把心也當掉，把佛也當掉，把物也當掉，傾盡所有家私，當得乾乾淨淨。

❹愈向你解說，文字語言愈多，也離道愈遠。所以反而污損了你清淨的德行。不如無言，讓你直證自己的本心。如《傳燈錄》上記載：

曰：「請和尚說？」師（南泉）曰：「老僧自不知。」曰：「何故不知？」師曰：「教我作麼生說？」曰：「可不許學人會道？」師曰：「會什麼道？又作麼生會？」曰：「某甲不知。」師曰：「不知卻好。」

❺一任滄海變桑田，桑田變滄海，始終不為你說破，讓你自己去參。如果禪師多說了一點，僧徒便會少做一分工夫。

第二十八則　久嚮龍潭

龍潭因德山請益抵夜,潭云:「夜深,子何不下去?」山遂珍重揭簾而去,見外面黑,卻回云:「外面黑。」潭乃點紙燭度與,山擬接,潭便吹滅,山於此忽然有省,便作禮。潭云:「子見個什麼道理?」山云:「某甲從今日去,不疑天下老和尚舌頭也。」❶至明日龍潭陞堂云:「可中有個漢,牙如劍樹,口似血盆,一棒打不回頭❷,他時異日,向孤峰頂上立吾道在❸。」山遂取疏抄,於法堂前將一炬火提起云:「窮諸玄辯,若一毫致(置)於太虛;竭世樞機,似一滴投於巨壑。」❹將疏抄便燒,於是禮辭。

無門曰:「德山未出關時,心憤憤,口悱悱,得得來南方,要滅卻教外別傳之旨❺。及到灃州路上,問婆子買點心,婆云:『大德車子內,是什麼文字?』山云:『《金剛經》抄疏。』婆云:『只如經中道:過去心不可得,現在心不可得,未來心不可得❻。大德要點那個心?』德山被這一問,直得口似匾擔❼,然雖如是,未肯向婆了句下死卻。遂問婆子:『近處有什麼宗師?』婆云:『五里外有龍潭和尚。』及到龍潭,納盡敗闕,可謂是前言不應後語❽。龍潭大似憐兒不覺醜,見他有些子火種,郎忙將水驀頭一澆澆殺❾,冷地看來一場好笑。」

頌曰:「聞名不如見面,見面不如聞名❿;
　　　雖然救得鼻孔,爭奈瞎卻眼睛。」⓫

【案語】

❶龍潭崇信禪師的這段公案，見上篇第二十九則。

❷這是描寫德山口舌鋒利，脾氣又強，一棒也打不回頭。

❸雖然如此，但他悟了之後，活力極強，將來必會把禪宗帶上高潮。所謂「孤峰頂」者，即登峰造極的意思。

❹這是指窮盡世界上所有玄言玄語，形而上學，但和大道比起來，正像一根毫毛在太空中一樣的渺小；揭盡世界上一切秘密法門，精要的思想，但和實相比起來，猶如一滴水珠掉在深谷中一樣微不足道。

❺德山從小精研律藏，深通性相各宗，所以對南禪頓悟成佛之說極為不滿。

❻過去心已經過去了，當然抓不住；未來心還沒有來，當然也抓不到；現在心又在那裡，不是過去，就是未來，所以現在心，也是了不可得。這是《金剛經》中的話。《金剛經》要我們「應無所住而生其心」。心既無住，當然不住於過去、現在、未來。而要想去抓一個心，自然不可能。

❼德山是《金剛經》的專家，不可能不了解這三句話的意思，但文字上的了解是一回事，實際上的運用又是一回事。當時德山雖然研究《金剛經》，但未能在心上徹悟，所以一當臨場運用，便張口結舌，不知所措。

❽德山在北方時，口氣好大，要滅盡南方的禪法。可是到了南方，第一度便敗在賣點心的婆子手中，到了龍潭，龍潭一直沒有教他，所以又再度敗在龍潭手裡。因此無門笑他一再失敗，以前的大話到此時都煙消雲散了。

❾龍潭發現德山有些火種，為什麼還當頭澆他一盆冷水？因為這個火種是指他內心的火種，是指的智慧；而德山向龍潭所要的火燭乃是外在的火種，是指我們所攀援的外境。外在的火種存在，我們的心便會依賴它，而使內心的火種無法點亮。所以龍潭澆了德山一盆冷水，乃是澆滅他對外在的執著，使他迴光返照，去點亮內心的火把。

❿這兩句話是說，只知文字解釋，還不如實證來得親切；但當你實證之後，才覺得「平常心是道」，一切是如此的平常，不像沒有親證前，想得那麼的天花亂墜。

⓫雖然你已親證有得，救了自己，但你卻必須拋掉一切意識成見，聰明才知。就像德山一樣，把以前的心得付之一炬。此處鼻孔象徵自性，眼睛代表意識。

第二十九則　非風非幡

　　六祖因風颺剎幡，有二僧對論，一云幡動，一云風動。往復曾未契理，祖云：「不是風動，不是幡動，仁者心動。」❶二僧悚然。

　　無門曰：「不是風動，不是幡動，不是心動，甚處見祖師❷。若向這裡見得親切，方知二僧買鐵得金❸。祖師忍俊不禁，一場漏逗。」❹

　　頌曰：「風幡心動，一狀領過❺；
　　　　　　只知開口，不覺話墮。」❻

【案語】

　　❶就現象發生的次序來說，應該是風先動，再吹動幡。就二僧當時所見來說，一個看到風動，一個看到幡動。就本體來說，風自動，幡也自動，各不相干，根本無所謂先後。但如果就工夫來說，不是風動，不是幡動，而是觀者心動，因為心如不動，根本無所謂風動幡動。

　　❷無門把六祖「仁者心動」改為「不是心動」，是否和六祖的看法有所衝突？其實不然，六祖說「仁者心動」的意思，表面上是指仁者動了心，實際上是勸仁者不該動心，則風動，幡動，雖動而未嘗動。也就是說在現象上是動，在實際理地則未曾動，正如僧肇在〈物不遷論〉中所謂：

　　　　旋嵐偃嶽而常靜，江河競注而不流；

野馬飄鼓而不動，日月歷天而不周。

因此無門說「不是心動」，就實際理地上來說，和六祖的意思
並沒有不同，所以他說「甚處見祖師」，也就是說不要在「仁者心
動」處看六祖的意思，而要在「不是心動」處見六祖勸仁者不要動
心的真意。

❸二僧如能在六祖「仁者心動」處透入，了解仁者不應心動，
而放下風幡之辨，則因此而受益非淺，所以說買鐵得金。

❹六祖看到他們的爭辯，忍不住同情之心，也加上了一句「仁
者心動」。就實際理地，本無所動，因此六祖的話，乃是老婆心切，
引出了一段有趣的公案。

❺是風動，是幡動，是心動，都該一齊掃卻。

❻只知開口表示意見，而不覺自己也墮在言語的窠臼中。

第三十則　即心即佛

　　馬祖因大梅問：「如何是佛？」祖云：「即心是佛。」❶

　　無門曰：「若能直下領略得去，著佛衣，吃佛飯，說佛話，行佛行，即是佛也❷。然雖如是，大梅引多少人，錯認定盤星❸。爭知道說這個佛字，三日漱口❹，若是個漢，見說即心是佛，掩耳便走。」❺

　　頌曰：「青天白日，切忌尋覓❻；更問如何，抱贓叫屈。」❼

【案語】

　　❶參見上篇第十三則及第十八則。

　　❷如果真能領略「即心是佛」的道理，於心性上下工夫，則著衣吃飯，以及生活上的一舉一動，無不是佛。

　　❸所謂「定盤星」是指秤桿上作為基準的一個記號，如果我們只執著「即心是佛」，以為自己就是佛，而不知在心性上下工夫，正像錯認了「定盤星」，結果弄得全盤皆錯。

　　❹注意這裡明明是寫的這個佛「字」，而不是真正的佛。佛如果變成了一個字，豈不污蔑了佛，當然該漱口三日，洗淨黏執。

　　❺聽到「即心是佛」，掩耳便走。並不是批評馬祖說錯了，而是怕自己認錯了。

　　❻青天白日，朗朗乾坤，一切現成，無須尋覓。

　　❼佛明明在你心中，還要向外尋覓。問別人「什麼是佛？」豈不像抱了贓物，卻拼命的大喊冤枉。

第三十一則　趙州勘婆

　　趙州因僧問婆子：「臺山❶路向甚處去？」　婆云：「驀直
去。」❷僧才行三五步，婆云：「好個師僧，又恁麼去。」❸後有
僧舉示州，州云：「待我去與儞勘過這婆子。」明日便去，亦如是
問，婆亦如是答，州歸謂眾曰：「臺山婆子，我與儞看破了也。」❹

　　無門曰：「婆子只解坐籌帷幄，要且著賊❺。不知趙州老人，
善用偷營劫塞之機，又且無大人相❻，檢點將來，二俱有過❼，且
道：那裡是趙州勘破婆子處？」❽

　　頌曰：「問既一般，答亦相似；

　　　　　　飯裡有砂，泥中有刺。」❾

【案語】

　　❶即五臺山，在山西境內。山中有禪院二十餘所，也有喇嘛教
殿堂，為佛教勝地。

　　❷如果這個婆子說的是禪門機鋒的話，那麼這「驀直去」三
字，大有文章。因為這不只是指道路的一直去，而是佛學上所謂
「直心是道場」的意思，或當下即是，不容思議。

　　❸這句話是說：「好一位大師，又是這樣去的。」意思是說這
些法師都是照著她的指點，這樣一直去的。

　　❹禪門的機鋒，千變萬化。完全因時、因地、因人、對機而
立。趙州去問婆子，婆子又以同樣的話相對。說明婆子並沒有真正
的工夫，只是口頭禪，不斷的翻版而已，所以她被趙州看穿了。

❺這兩句話的表面意思是指這位婆子只知坐在帳蓬裡作戰,而不知已被賊偷營劫寨。實際上,是指這位婆子只知套用口頭禪,以為自己有功夫,殊不知早已被人看破。

❻雖然趙州是位大禪師,但他去考驗婆子時,卻掩飾了身分,不讓對方看出自己是大禪師。

❼趙州又何必多此一舉,費那麼大工夫,去勘破一個婆子。就讓婆子在那裡指點路子,不也很好嗎?

❽本公案的重點不在趙州厲不厲害,婆子對不對,而在趙州看破婆子之處在那裡。

❾問也同,答也同,把一個活生生的禪機,弄成了死板的格式。這是口頭禪,這是炒冷飯。所以飯裡有砂,吃不得;泥中有刺,行不得。

第三十二則　外道問佛

　　世尊因外道❶問：「不問有言，不問無言。」❷世尊據坐❸，外道贊歎云：「世尊大慈大悲，開我迷雲，令我得入。」乃具禮而去，阿難尋問佛：「外道有何所證，贊歎而去？」世尊云：「如世良馬，見鞭影而行。」❹

　　無門曰：「阿難乃佛弟子，宛不如外道見解。且道：外道與佛子弟相去多少？」❺

　　頌曰：「劍刃上行，冰稜上走❻；

　　　　　　不涉階梯，懸崖撒手。」❼

【案語】

　　❶在世尊當時，據說有九十六種外道。

　　❷有言是有，無言是無；有言是肯定，無言是否定。這兩句話的意思，就是說他所要問的，不屬於有無兩邊，不屬於肯定與否定。言外之意，就是要問超越了語言概念之上的本體。

　　❸既然是超越了語言概念之上，所以世尊只是坐著，不言不語。

　　❹機鋒如閃電，凡是能因機悟入的弟子，他的反應必須如良馬一樣，只要看到鞭影，便立刻奔馳。如果等到鞭子打在身上才動的話，早已為境所轉，又如何能開悟。

　　❺六祖曾說：「前念迷，即凡夫，後念悟，即佛。」同樣道理，迷則阿難不如外道，悟則外道勝於阿難。

❻真參實證的工夫，不是在語言文字上討活計，而是要赤腳上刀山，能在劍刃上行，冰稜上走。

❼悟，則頓入，無階梯可言。證，則懸崖撒手，大死一番，再活現成。

第三十三則　非心非佛

馬祖❶因僧問：「如何是佛？」祖曰：「非心非佛。」

無門曰：「若向這裡見得，參學事畢。」❷

頌曰：「路逢劍客須呈，不遇詩人莫獻❸；

　　　　逢人且說三分，未可全施一片。」❹

【案語】

❶參見上篇第十三則。

❷所謂「見得」者，不是指的知解；而是從這裡悟入，使自家心地裡實有所得，這才是參禪學道的真正目的。

❸禪師的說法，沒有一定的格式，完全依據學生的根器，和客觀的環境。譬如馬祖一方面說「即心即佛」，一方面又說「非心非佛」，在表面上是矛盾的，其實是因學生條件不同的兩種說法而已。究竟在什麼時候用那一種，完全要看機宜。正如獻劍要找劍客，吟詩要贈詩人，這兩句詩引自臨濟和鳳林的對答：

（臨濟）到鳳林，林問：「有事相借問，得麼？」

師云：「何得剜肉作瘡。」

林云：「海月澄無影，遊魚獨自迷。」

師云：「海月既無影，遊魚何得迷。」

林云：「觀風知浪起，玩水野帆飄。」

師云：「孤輪獨照江山靜，自笑一聲天地驚。」

林云：「任將三寸輝天地，一句臨機試道看。」

師云：「路逢劍客須呈劍，不是詩人莫獻詩。」

鳳林便休，師乃有頌：「大道絕同，任向西東，石火莫及，電光罔通。」

❹即使找對了對象，但如何傳心，還有禪宗特殊的方法，就是要用旁敲側擊的方法點醒他，用單刀直入的方法喚醒他，而不宜在文字語言方面說得太多。因為說多了，不是被誤解，而走入歧途；便是在文字上求解，而忘了心性上的真參實證。

第三十四則　智不是道

南泉云：「心不是佛，智不是道。」❶

無門曰：「南泉可謂老不識羞，才開臭口，家醜外揚❷，然雖如是，知恩者少。」❸

頌曰：「天晴日頭出，雨下地上濕❹；

　　　　盡情都說了，只恐信不及。」❺

【案語】

❶參見上篇第十九則南泉的生平思想。

❷這句話，表面上好像在諷刺南泉，事實上，乃是藉此以強調「心不是佛，智不是道」兩句話的重要，被老婆心切的南泉，不顧一切的講了出來。所謂「家醜」者，乃是指禪門的秘密。

❸雖然禪門的秘密已被南泉洩盡，可是真正能認識，而加以珍惜，加以護持的人卻很少。

❹天晴了，自然日出；下雨了，自然地濕，這是多麼自然的事。不假思維，不假造作，這就是道，這就是禪的秘密。

❺在我們眼前的一切，都在說法，都披露了禪的秘密；可是卻很少有人去認識它，去相信它。

第三十五則　倩女離魂

五祖❶問僧云：「倩女離魂，那個是真底？」❷

無門曰：「若向這裡悟得真底，便知出殼入殼如宿旅舍❸，其或未然，切莫亂走，驀然地水火風一散，如落湯螃蟹，七手八腳，那時莫言不道。」❹

頌曰：「雲月是同，溪山各異❺；

　　　　萬福萬福，是一是二。」❻

【案語】

❶五祖法演禪師，俗姓鄧，四川人，為臨濟宗白雲守端的法嗣，楊歧方會的法孫。

❷這是中國民間的一個通俗故事，傳說湖南衡陽地方，有位名字叫張鑑的人，有一次，他打趣的當著女兒倩娘的面，對他的外甥王宙說：「將來我把倩娘嫁給你。」那知這句戲言在兩個小孩心中卻變成了真的，因而私相愛戀。後來倩娘長大，張鑑把女兒許給了別人，王宙憤而離開了張家，在半夜乘船的時候，突然聽到倩娘的叫聲，原來倩娘私奔了出來，於是兩人雙雙逃亡，過了六年的時光，也生了兩個孩子。但倩娘時時不忘親情，決定回家省親，去乞求原諒。於是他們便回到了衡陽，先由王宙一人回家謝罪，倩娘等留在船中。當王宙到達岳家，卻發現自王宙出走後，倩娘即相思成病，六年來一直躺在床上，並未離家寸步。於是王宙便把臥病在家的倩娘帶到船上會面。兩位倩娘長得一模一樣，當她們會面時，突

然兩個變成了一個，最後又只有一個倩娘。是否臥病在床的那個倩女靈魂出了竅，跑來與王宙結婚生子？誰都不知道。究竟那個是真的，那個是假的，連倩娘本人也迷糊了。

五祖問這話的意思，是指真我本只有一個，可是有時我們的肉體和靈魂卻分成了兩個，究竟那個是真的？

❸如能悟得真我，則來去自由，生也是我，死仍然是我。

❹否則，千萬不要胡作亂為，等死亡來臨時，地水火風一散，就像掉在沸水中被煮的螃蟹一樣，手忙腳亂，不知所措，到那時可別怪我沒有預先說明。

❺雲中之月是相同的一個，照在溪水，照在山上卻各有不同。

❻萬福者萬象各有所得，即一切都是絕對的真實，究竟是一，還是二呢？事實上，是一，也是二。就體來說是一，就用來說是二。

第三十六則　路逢達道

五祖❶曰：「路逢達道人❷，不將語默對❸，且道：將什麼對？」❹

無門曰：「若向者裡對得親切，不妨慶快❺；其或未然，也須一切處著眼。」❻

頌曰：「路逢達道人，不將語默對；

　　　攔腮劈面拳，直下會便會。」❼

【案語】

❶即五祖法演禪師。

❷這句話的表面意思是遇到一位達道的人，而實際上乃是指證得真我。

❸即不用語言文字，也不用空思冥想。

❹拿「什麼」去對，不要去想「什麼」，因為一變成想的受詞，便是物體，便是「語」的對象；也不要泯絕一切思想，因為那樣又落入了「默」的鬼窟。這裡「什麼」兩字正像趙州的「無」一樣難參。

❺對得親切的話，自己就是達道之人，自然逍遙快樂。

❻不然的話，還要痛下工夫。「一切處著眼」，就是不要著眼於一處，即無住無執的意思。

❼這攔腮的劈面一拳，打過來，快如閃電，這時還容思議麼？就像臨濟義玄抓住那個和尚說：「道，道。」這時如果能悟的話，就是無位真人，否則便成了乾屎橛。

第三十七則　庭前柏樹

趙州因僧問：「如何是祖師西來意？」❶州云：「庭前柏樹子。」❷

無門曰：「若向趙州答處見得親切，前無釋迦，後無彌勒。」❸

頌曰：「言無展事，語不投機；

　　　　承言者喪，滯句者迷。」❹

【案語】

❶問祖師西來意，就等於問什麼是禪。關於這個答案，禪師們的回答都不相同，如：

> 1.鶴林玄素曰：「會即不會，疑即不疑。」（牛頭法融嗣）
> 2.天柱崇慧曰：「白猿抱子來青嶂，蜂蝶銜華綠蘂間。」（牛頭法融嗣）
> 3.嵩嶽慧安曰：「何不問自己意。」（弘忍大師旁出）
> 4.大梅法常曰：「西來無意。」鹽官齊安云：「一個棺材，兩個死屍。」（馬祖嗣）
> 5.黃檗希運便打。
> 6.趙州從諗下禪床立，「敲床腳」。
> 7.仰山慧寂以手於空作圓相，相中書佛字。
> 8.香嚴智閑以手入懷出拳展開與之。
> 9.石霜慶諸曰：「空中一片石。」

10.雲門文偃：「河裡失錢河裡摝。」

　　無論這些回答有如何的不同，但有一個共同的特色，就是沒有正面去回答這問題。所謂沒有正面去回答這問題，並不是說沒有回答，或回答得不夠徹底，相反的，卻是更有效、更直截的回答這問題。

　　❷趙州回答的「庭前柏樹子」，可能有兩種意義，一是關斷的，即隨便借一外境，截斷對方的思想，因為這個問題不是用語言所能說明的，也不是向外所能探索的。一是開放的，即告訴對方，體取自然，看，那庭前的柏樹子，就是禪；庭院中的一花一木，無不是禪。

　　❸釋迦是已出生的佛，彌勒是未出生的佛。如果能從「庭前柏樹子」中看透趙州立言的本意，則當下即悟。我即是釋迦，我即是彌勒，更無過去與未來。

　　❹根據《碧巖錄》圓悟克勤的評唱，這四句話似是洞山守初所說的，如：

> 僧問智門和尚：「洞山道麻三斤意旨如何？」智門云：「花簇簇錦簇簇，會麼？」僧云：「不會。」智門云：「南地竹兮北地木。」僧回舉似洞山，山云：「我不為汝說，我為大眾說。」遂上堂云：「言無展事，語不投機，承言者喪，滯句者迷。」

　　這四句話的意思即說，任何的語言，總不能完全合事，總不能完全投機。因此只重言說者，反而失去了真意，只執著言說者，反而迷了自性。

第三十八則　牛過窗櫺

　　五祖曰：「譬如水牯牛過窗櫺❶，頭角四蹄都過了，因什麼尾巴過不得？」❷

　　無門曰：「若向這裡顛倒著得一隻眼❸，下得一轉語，可以上報四恩，下資三有❹。其或未然，更須照顧尾巴始得。」❺

　　頌曰：「過去墮坑塹，回來卻被壞❻；
　　　　　　這些尾巴子，直是甚奇怪。」❼

【案語】

　　❶水牯牛即是水牛，比喻修道之人。在禪學的文獻中，溈山靈祐曾以水牯牛製造了一個有名的公案：

　　　　溈山靈祐和尚上堂：「老僧百年後，向山下作一頭水牯牛，右脇下書五字曰：溈山僧靈祐。當恁麼時，喚作溈山僧，又是水牯牛；喚作水牯牛，又是溈山僧。畢竟喚作什麼即得？」仰山出禮拜而退。(《人天眼目》)

　　又水牯牛也比喻我們的那個欲望的心，如南泉垂語說：「王老師牧一頭水牯牛，擬向溪東去，不免官家苗稼；擬向溪西去，不免官家苗稼。」又如：

　　　　僧問：「如何是水牯牛？」
　　　　曹山：「矇矇曈曈地。」

　　僧又問：「此意云何？」

　　曹山：「但念水草，餘無所知。」

　　僧又問：「成得個什麼事？」

　　曹山：「只是逢水吃水，逢草吃草。」

　　僧又問：「如何是頭水牯牛？」

　　曹山：「不證聖果。」

　　所以在禪學中，常以牧牛比喻修心。

　　❷這則公案在研究禪學的文獻中，是被列為「難透公案」之一。前人對它的解釋很多，但我們不必在頭角、四蹄、尾巴上大做文章。就這個公案的大處來看，「水牯牛過窗櫺」這便是一個不合理的事實，因為水牯牛應該在田野中去奔馳，「過窗櫺」幹什麼？接著「尾巴過不得」也是一個不合理的事實，因為頭角、四蹄都過去了，那有尾巴過不了的？這兩個不合理的事實，正是本則公案關鍵的所在！要參，就得在這裡參！

　　「水牯牛過窗櫺」，比喻一個求道的人，不從真正的大道中去體認，而偏向文字、概念的窄門中鑽。即使在義理上解得頭頭是道，仍然只是文字禪，並不能使自己完全的證入。所謂「尾巴過不得」，乃是以不合理路的說法，促人反省為什麼不能證入。

　　❸所謂「顛倒」即是轉一百八十度的彎，回過頭來看看尾巴為什麼過不了，卻發現自己原來往窄門裡鑽！

　　❹四恩即指：父母恩，師長恩，國王恩，施主恩。三有即三界，指欲界，色界，無色界。這兩句話的意思是說如果真能轉過頭來，超然於文字概念之上而悟人的話，則上可以報答四種恩德，下可以資助三界眾生。

❺不然的話，還須好好的照顧尾巴。好好的參一參，為什麼「尾巴過不得」，也即是好好想一想，為什麼從文字概念中始終證不了道。

❻在過去墮入了文字概念的窠臼，如果不能立刻斬斷執著，再回來恐怕一切已晚了。

❼這些「尾巴子」，即是使我們悟不了道的文字概念，正像魔術一樣的奇怪。千萬要小心對付啊！

第三十九則　雲門話墮

　　雲門因僧問：「光明寂照遍河沙……」❶一句未絕，門遽曰：「豈不是張拙秀才語？」僧云：「是。」門云：「話墮也。」❷後來死心❸拈云：「且道：那裡是這僧話墮處？」

　　無門曰：「若向這裡見得雲門用處孤危❹，這僧因甚話墮，堪與人天為師❺。若也未明，自救不了。」

　　頌曰：「急流垂釣，貪餌者著❻；
　　　　　　口縫才開，性命喪卻。」❼

【案語】

　　❶這句詩是張拙秀才所作。張拙秀才為藥山惟儼之法孫石霜慶諸的門人，他和石霜曾有以下的一段公案：

　　　　張拙秀才因禪月大師指參石霜，霜問：「秀才何姓？」曰：「姓張名拙。」霜曰：「覓巧尚不可得，拙自何來？」公忽有省，乃呈偈：「光明寂照徧河沙，凡聖含靈共我家。一念不生全體現，六根才動被雲遮。斷除煩惱重增病，趣向真如亦是邪。隨順世緣無罣礙，涅槃生死等空花。」

　　❷雖然該句是張拙秀才語，但只要他所說的是真理，我們念誦它，仍然如自家心中流出似的，這樣我們才能與該詩的境界融為一體。現在雲門問他：「豈不是張拙秀才語？」該僧回答：「是。」可見該僧仍然只執著該詩句的表面，為誰所作？該僧的態度，也只是

研究張拙秀才的詩句而已。並沒有把該詩句當作真理來體認，來融入。所以我們如真正參究前代禪師留下的公案和話頭，我們應該摒絕一切的知識，直接融入其中，那裡還顧慮到是誰所作。所以雲門批評他「話墮也」，也就是說錯了的意思。

❸黃龍死心禪師，即黃龍悟新禪師，俗姓黃，廣東人，為黃龍祖心的法嗣，為臨濟義玄第九代法孫。

❹孤危是指雲門機鋒的高峻，如祖源禪師曾在《萬法歸心錄》中描寫雲門的風格說：

> 雲門家風，孤危聳峻，格外提撕，剪除情見，三句關鍵，一字機鋒，北斗藏身，金風體露，柱杖踔跳，佛祖退手，盞子說法，魔外潛形，一切語言，總歸向上。

❺如能了解雲門的真意，知道這僧錯在什麼地方，便可以作人天的老師。

❻在公案裡，禪師們往往像一位漁夫，放一句話頭作釣餌，如果你貪心，想去吞下這釣餌，結果就被禪師抓住了。所以在禪師的對答中，千萬記住，不要墮入圈套中。

❼一開口想吞餌，就同一開口想言說，便墮入了陷阱，有喪身失命之虞。

第四十則　趯倒淨瓶

　　潙山和尚，始在百丈會中充典座❶，百丈將選大潙主人，乃請同首座對眾下語，出格❷者可往，百丈遂拈淨瓶❸，置地上設問云：「不得喚作淨瓶，汝喚作什麼？」❹首座乃云：「不可喚作木楔也。」❺百丈卻問於山，山乃趯倒淨瓶而去，百丈笑云：「第一座輸卻山子也。」❻因命之為開山。

　　無門曰：「潙山一期之勇，爭乃跳百丈圈圚不出❼，檢點將來，便重不便輕，何故？潺，脫得盤頭，擔起鐵枷。」❽

　　頌曰：「潙下笊籬並木杓，當陽一突絕周遮❾；

　　　　　　百丈重關攔不住，腳尖趯出佛如麻。」❿

【案語】

　　❶典座乃是在禪院中管床座及伙食等雜役。

　　❷出格即智慧出眾之意。

　　❸僧侶隨身攜帶之盛水瓶，供洗手之用。有瓦罐所做者洗淨手；銅鐵所做者，洗濁手。

　　❹百丈故意把淨瓶放在地上，表示淨瓶已不淨了，所以「不得喚作淨瓶」，該喚作什麼？

　　❺首座故意避過正面的答覆，而用否定的方法說：「也不能叫作木棒。」這個回答雖然不能解決問題，但回答本身卻並沒有錯誤，因為無論如何，它不是瓦罐做的，便是銅鐵做的，總不能叫作木棒。這是在公案中，當一個問題不可能回答時，常用其他不相

干，而又不是錯誤的語句來回答。

❻為什麼首座的回答，不如溈山的呢？因為首座仍然黏著在語句上；而溈山踢倒淨瓶，卻是根本認為這個問題不值得一談。

❼溈山雖然奮一時之勇，一腳踢開了淨瓶；但仍然逃不出百丈的圈套。因為百丈預設這個圈套，即是為了要選溈山的住持，傳承法脈，所以溈山卻被套住了。

❽所謂「便重不便輕」，即是捨輕就重的意思。因為溈山本為伙頭雜役，是輕；現在要任溈山的住持，是重。所謂「脫得盤頭，擔起鐵枷」者，盤頭是僧侶任伙夫時頭上蒙的布，脫得盤頭，即是不再任伙夫雜役。鐵枷本來是犯人用的，但此處暗喻溈山接下傳承法脈的重擔。

❾笊籬、木杓都是廚房用具，這兩句描寫溈山拋掉了廚房的工作，朝光明的路上一躍，衝破了周遭，也就是脫穎而出。

❿百丈的重重關卡都攔不住他，被他這一踢，使他傳承了法脈，接引了後代不少的祖師，豈不是佛如麻嗎？

第四十一則　達磨安心

達磨面壁，二祖立雪，斷臂云：「弟子心未安，乞師安心。」
磨云：「將心來，與汝安。」祖云：「覓心了不可得。」磨云：「為
汝安心竟。」❶

無門曰：「缺齒老胡❷，十萬里特特而來，可謂是無風起浪❸，
末後接得一個門人，又卻六根不具❹。咦！謝三郎不識四字。」❺

頌曰：「西來直指，事因囑起；

　　　　撓聒叢林，元來是倆。」❻

【案語】

❶參見上篇第二則。

❷達磨未來中國以前，在印度已弘法六十餘年，所以牙齒也掉
落了。這是形容他來中國時，已很老了。

❸達磨未來中國前，本無中國的禪宗，所以達磨把禪帶到中
國，豈不是無風起浪。

❹六根是指眼、耳、鼻、舌、身、意等六種官能。所謂六根不
具，就是已斬斷了官能和意識的作用，不為外物所動搖。

❺謝三郎，即玄沙師備的綽號，因他俗姓謝，所以叫謝三郎。
據說他在三十歲以前，是一個不識字的漁夫。這裡說他不識四字，
有兩解，一是不認得四個字，一是只認得謝三郎的三個字，而不識
其他的字。為什麼此處提到玄沙呢？為什麼又提到他以前不認得字
呢？因為玄沙曾說過「達磨不來東土，二祖不往西天」的話。這正

和本則公案的人物有關。而且和無門此處所說的話也很相承,都是指印度和中國各有其禪,達磨即使不來中土,二祖即使不遇達磨,禪還是一樣的禪,心還是一樣的心,本來面目還是一樣的本來面目。至於為什麼說:「謝三郎不識四字?」這是承接前面「六根不具」而言,六根雖不具,卻能反觀而明心;謝三郎雖不識四字,卻能見性而成佛。

❻西來直指本心之事,就是因達磨的付囑而產生。後代叢林之傳燈不絕,完全是達磨一手造成的。無門的話表面上是貶辭,實際上卻是讚美。

第四十二則　女子出定

　　世尊昔因文殊❶至諸佛集處，值諸佛各還本處❷，惟有一女人，近彼佛座，入於三昧❸，文殊乃白佛云：「何女人得近佛座，而我不得？」❹佛告文殊：「汝但覺此女，令從三昧起，汝自問之。」文殊遶女人三匝，鳴指一下，乃托至梵天，盡其神力而不能出，世尊云：「假使百千文殊，亦出此女人定不得。」下方過一十二億河沙國土，有罔明菩薩❺，能出此女人定，須臾罔明大士從地湧出，禮拜世尊，世尊勅罔明，卻至女人前鳴指一下，女人於是從定而出。

　　無門曰：「釋迦老子做這一場雜劇❻，不通小小，且道：文殊是七佛之師，因甚出女人定不得，罔明初地菩薩，為甚卻出得❼？若向者裡見得親切，業識忙忙那伽大定。」❽

　　頌曰：「出得出不得，渠儂得自由❾；
　　　　　　神頭並鬼面，敗闕當風流。」❿

【案語】

　　❶在世尊旁邊經常有兩位菩薩，一是文殊，代表智慧；一是普賢，代表德行。文殊一手拿經一手握劍，表示要斬斷一切欲望。他騎著獅子，代表力量和威嚴。

　　❷諸佛在世尊前聽法後，再回到自己的座位。

　　❸三昧即定境。

　　❹在定境中，無分別相，無聖無凡，無男無女，所以女人得近

佛座。

❺罔明為初地菩薩。在這裡我們須注意罔明與文殊的對照,文殊代表智慧,罔明則代表無知。

❻這既然是世尊導演的一場雜劇,我們就應注意它的暗示,不能只照表面上來看。譬如文殊不能使該女人出定,而罔明卻能,我們決不能依此而認為文殊的功力不如罔明,我們應透過這種安排,去了解該公案的真意。

❼對於這問題,可以有兩種解釋:

1.真正有道行的人,他的定境出入自由。他要什麼時候入定,什麼時候出定,都可由他自己決定。現在該女人入了定,卻忘了出定,可見其功力不夠。文殊代表最高的智慧,該女人聽不到;反不如罔明菩薩的境界較低,該女人容易接受。這故事說明了應機說法。對於機淺的人,不宜說太高深的法,像文殊菩薩,花那麼大的氣力,把她舉入梵天,仍然出不了定。反不如罔明菩薩與該女人境界相似,一點就通。正如莊子在〈人間世〉篇中所說的:

> 彼且為嬰兒,亦與之為嬰兒;彼且為無町畦,亦與之為無町畦;彼且為無崖,亦與之為無崖。達之,入於無疵。

也就是說先要遷就對方的根機,和他打成一片,然後再慢慢地加以疏導。

2.文殊是代表智慧,罔明是代表無知。而定的境界卻是超脫一切知的作用,所以文殊反不如罔明容易進入定中,把該女人喚出來。在《莊子·應帝王》中也有相似的寓言:

> 南海之帝為儵,北海之帝為忽,中央之帝為渾沌。儵與忽時

相與遇於渾沌之地，渾沌待之甚善。儵與忽謀報渾沌之德，曰：「人皆有七竅以視聽食息，此獨無有，嘗試鑿之。」日鑿一竅，七日而渾沌死。

這則寓言乃是有聰明知識反不如渾沌能保全生命之真。同樣本則公案只是借文殊和罔明對比的故事而已。並非文殊的定境工夫不如罔明，而是借此說明知識愈多，有時反不如無知無識容易入定。

❽那伽大定即那伽定，據《佛學大辭典》的解釋：「身變龍而定止於深淵曰那伽定。」也即是極高的定境而已。

這句話即是指示我們現在雖然忙於業識，好像沒有智慧，入不了定，但不必另外去求智慧，只要在業識忙忙處，一刀斬斷，立刻便可得到那伽大定。這正是六祖所謂「煩惱即菩提」之意。

❾一個喚得出定，一個喚不出定，但無論如何，並不影響兩人本身的自在。這即是指出本則公案只是借文殊和罔明為喻，文殊喚不出定，並不意味文殊的功力不如罔明。

❿一個境界高，是七佛之師；一個境界低，是初地菩薩。雖然在階梯上，有層次高低的不同；但在禪的悟境上，往往「不知最親切」，罔明一悟便至佛地。

第四十三則　首山竹篦

　　首山和尚❶拈竹篦❷示眾云：「汝等諸人，若喚作竹篦則觸，不喚作竹篦則背❸。汝諸人且道，喚作什麼？」

　　無門曰：「喚作竹篦則觸，不喚作竹篦則背。不得有語，不得無語，速道，速道。」❹

　　頌曰：「拈起竹篦，行殺活令❺；
　　　　　　背觸交馳，佛祖乞命。」❻

【案語】

　　❶首山省念禪師，俗姓狄，山東人，他是風穴延沼的法嗣，臨濟義玄的第四代。他以前研究《法華經》，後隨風穴參禪，得心印，在河南汝州弘揚大法。他接引弟子的機鋒峻烈，如：

　　　　僧問：「如何是和尚家風？」師（首山）：「一言截斷千江口，
　　　　萬仞峰前始得玄。」
　　　　僧問：「修何業，報得四恩三有？」師曰：「殺人，放火。」

　　❷竹製的篦條，約三尺長。禪師在接引弟子時，經常用到它。
　　❸如叫它作竹篦，這是黏著在形相上；如果不叫它作竹篦，又不合事實。
　　❹這是一個兩難的問題，正是開口即錯，不開口也錯，就要在這時，參一參！
　　❺殺活令者，能操縱生死之令。對得出即能開悟；對不出便喪

身失命。

❻不是觸，便是背，在這緊要的關頭，連佛祖都要乞命。

第四十四則 芭蕉拄杖

芭蕉和尚❶示眾云：「儞有拄杖子❷，我與儞拄杖子❸；儞無拄杖子，我奪儞拄杖子。」❹

無門曰：「扶過斷橋水，伴歸無月村，若喚作拄杖，入地獄如箭。」❺

頌曰：「諸方深與淺，都在掌握中❻；

撐天並拄地，隨處振宗風。」❼

【案語】

❶芭蕉慧清禪師是韓國人，生平不詳，為南塔光湧法嗣，仰山慧寂法孫，其弟子為下篇第九則中提到的興陽清讓和尚。

❷拄杖子即拄杖，和尚行腳拄身之用，長六尺左右。在禪門的公案中，常用它代表自性。雲門禪師便是慣用拄杖者，如：

> 我尋常向汝道：微塵剎土，三世諸佛，西天二十八祖，唐土六祖，盡在拄杖頭上說法。

❸你如果有拄杖，即明心見性；我便給你拄杖，即幫助你開悟。也就是說必須對方已達開悟的時機，禪師才能幫助他開悟。

❹你如果沒有拄杖，即始終向外求佛，不知自性即佛；我便奪掉你的拄杖子，也就是打掉你向外求佛的念頭。

❺這根拄杖的用處大著呢，它可以伴我們走過斷了橋的河流，也可以陪我們走入沒有月光，烏黑一片的鄉村。這根拄杖是什麼？

當然就是這個真我。如果你不能認清這點，而直喚它為拄杖，或稱它為佛，你便會立刻掉入地獄，永遠也無法成佛。這即是這根拄杖就是你自己，你必須依靠你自己，否則你把它當作拄杖或佛來依靠，你便永遠依賴外在，而無法見性成佛。

❻無論各種佛法，是深的，或者淺的，都離不了這個自性。

❼這個自性能撐天拄地，如果你能明自性，便能得禪宗的心傳，弘揚宗風。

第四十五則　他是阿誰

東山演師祖❶曰：「釋迦彌勒猶是他奴❷，且道：他❸是阿誰？」

無門曰：「若也見得他分曉，譬如十字街頭撞見親爺相似，更不須問別人道是與不是。」

頌曰：「他弓莫挽，他馬莫騎❹；

　　　　他非莫辨，他事莫知。」❺

【案語】

❶即五祖法演，見下篇第三十五則。

❷釋迦、彌勒，都是名號，這些名號所指的才是真正的主人公。

❸他就是真我，就是自性，就是本來面目。

❹不要挽別人的弓，不要騎別人的馬。也就是說別人的成就不能拿來當作自己的，釋迦也好，彌勒也好，都不能替你活。

❺不要只講別人的錯誤，不要只管別人的閒事。言外之意，就是迴光返照來看自己。

第四十六則　竿頭進步

　　石霜和尚❶云：「百尺竿頭如何進步？」又古德云：「百尺竿頭坐底人，雖然得入未為真，百尺竿頭須進步，十方世界現全身。」❷

　　無門曰：「進得步，翻得身❸，更嫌何處不稱尊。然雖如是，且道百尺竿頭如何進步❹？嗄！」

　　頌曰：「瞎卻頂門眼，錯認定盤星❺；
　　　　　　拼身能捨命，一盲引眾盲❻。」

【案語】

　　❶石霜楚圓禪師，俗姓李，廣西人，為臨濟義玄六代法孫，其門人黃龍慧南，楊歧方會，開出了臨濟宗的二派。

　　❷參見上篇第二十五則。

　　❸百尺竿頭如能再進一步，則轉識成智，見性成佛，所以說「翻得身」。

　　❹無門在這裡又重問一句：「百尺竿頭如何進步？」這不僅是本則公案的中心旨趣，也是整個禪宗的血脈精神。「百尺竿頭」形容工夫到達了最高峰，在「百尺竿頭」上還要「進步」者，就是最後連這個最高的成就也要捨掉。

　　❺「頂門眼」，即悟眼；「定盤星」，即秤桿上的基準星。這兩句話形容修道之人，只看到百尺竿頭，而不能再進步，就像騎驢不肯下，或執著心，執著於佛，而不能返觀自己，明心見性，這都是

錯誤的。

　❻雖然能拼身捨命，但只是匹夫之勇。就像「一盲引眾盲，相將入火坑」。

第四十七則　兜率三關

兜率悅和尚❶設三關問學者：「撥草參玄，只圖見性，即今上人，性在甚處❷？識得自性方脫生死，眼光落時怎麼生脫❸？脫得生死便知去處，四大分離向甚處去？」❹

無門曰：「若能下得此三轉語，便可以隨處作主，遇緣即宗❺，其或未然，麤餐易飽，細嚼難飢。」❻

頌曰：「一念普觀無量劫，無量劫事即如今❼；

　　　　如今覷破個一念，覷破如今覷底人❽。」

【案語】

❶兜率從悅禪師，俗姓熊，江西人，為寶峰克文的法嗣，臨濟義玄的九代孫。

❷這是第一關。指學禪者行腳求道，本是為了見性。現在請問自性又在那裡？這一關提示的是，自性就在這裡，不必向外尋覓。

❸這是第二關。認得自性，才能了生脫死。那麼當我們真正面臨肉體死亡時，又將如何去脫死？這一關提示的是：自性本無生死。

❹這是第三關。能了生脫死，才能知道死後的去處；但當四大分離，一切成空時，又向什麼地方去？這一關提示的是：自性也無來去。

❺如能識透這三關，對答得出，便可以來去自由，隨處都作自己的主人，遇到任何環境，都能宣揚宗風。

❻「麤餐易飽」者，食不知味；「細嚼難飢」者，消化不了。
這兩句話也即是譬喻如果透不過這三關，雖有自性而不自知，這是
「麤餐易飽」，食不知味。等到眼光落時，四大分離時，卻不知所
措，這是「細嚼難飢」，消化不了，也就是直到用時，一點也用不
上。

❼一念可以普觀無量劫，這是指自性可以橫貫古今，不受時間
的宰割。無量劫事可以收歸成當前的一念，這是指萬法不離自性。

❽現在如果我們能看透這一念，也就是不受這一念的執著；那
麼我們就能看破正在看的人，也就是我們能看透真正的本來面目。

第四十八則　乾峰一路

　　乾峰和尚❶因僧問：「十方薄伽梵❷，一路涅槃門❸，未審路頭在什麼處❹？」峰拈起拄杖劃一劃云：「在這裡。」❺後僧請益雲門，門拈起扇子❻云：「扇子𨁝跳上三十三天，築著帝釋鼻孔❼，東海鯉魚打一棒，雨似傾盆❽。」

　　無門曰：「一人向深深海底行，簸土揚塵，一人於高高山頂立，白浪滔天❾。把定放行❿，各出一隻手，扶豎宗乘，大似兩個馳子相撞著⓫，世上應無直底人⓬，正眼觀來，二大老總未識路頭在。」⓭

　　頌曰：「未舉步時先已到，未動舌時先說了⓮；

　　　　　　直饒著著在機先，更須知有向上竅⓯」。

【案語】

　　❶越州乾峰禪師，生平不詳，為洞山良价的法嗣。

　　❷梵文的音譯，即中文的世尊。

　　❸這兩句話引自《楞嚴經》。意思是盡十方世界都是佛陀，所有的路，只有涅槃一條。

　　❹這僧引了以上兩句之後，便問乾峰：既然只有涅槃一條路，那麼路頭究竟在那裡？就是要怎麼走？

　　❺就在這裡，就在你的足下。

　　❻乾峰用拄杖，雲門用扇子，雖然工具不同，都是一種指，用指就是為了要指月。

❼扇子跳到三十三天之上，碰到了帝釋的鼻孔，這是形容自性可以直上雲霄。

❽鯉魚跳過了龍門，便化為龍而去。此處意思是在東海的鯉魚身上打了一扇，鯉魚便化為龍，而興風作雨。雲門的這幾句話就是形容開悟之後，自性可以來去自由。

❾「深深海底行」，即是起用，到人間世去宣揚正法。「高高山頂立」，即是見性，一超直入，見性成佛。

❿他們兩人於體上，把得定；於行上，放得開。

⓫兩人各出一隻手，來弘揚宗乘。就像兩位馬上英雄，相遇於路上，攜手而行。

⓬他們不直截了當的說，而用拄杖，用扇子，繞路說法。

⓭這兩位大禪師表演了半天，他們也許並不認識你的路頭，因為你的路頭，只有你自己才能找得出來。

⓮自性本來具有，所以未學步，未動舌時，自性早就存在。

⓯儘管你反應敏銳，儘管你知解過人，最重要的還是必須知道涅槃一路就是向上一路。

後　序

　　從上佛祖垂示機緣，據欵結案，初無剩語❶。揭翻腦蓋，露出眼睛，肯要諸人直下承當，不從它覓。若是通方上士，才聞舉著，便知落處❷。了無門戶可入，亦無階級可昇。掉臂度關，不問關吏❸。豈不見，玄沙❹道：「無門，解脫之門；無意，道人之意。」又白雲❺道：「明明知道，只是這個為什麼透不過！」恁麼說話也是赤土搽牛嬭❻。若透得無門關，早是鈍置無門❼；若透不得無門關，亦乃辜負自己。所謂涅槃心易曉，差別智難明❽，明得差別智，家國自安寧。峕紹定改元解制前五日　楊歧八世孫

無門比丘慧開謹識

【案語】

　　❶禪師所垂示的語句，結成了公案。每個公案，都非常完整，如能透得過，則一了百了。實在不需要再畫蛇添腳，加以解釋。
　　❷一聞公案，便能開悟。就像唸詩一樣，不需要再看解釋。正如世尊所謂：「如世良馬，見鞭影而行。」
　　❸掉臂挺胸，坦盪盪的過關，不要管關吏是誰。也就是從公案而一超直入，不要黏著在公案上。
　　❹玄沙師備禪師。
　　❺白雲守端禪師，俗姓葛，衡陽人，為楊歧方會的法嗣，五祖法演的老師。
　　❻如泥巴上搽牛油，毫無用處。

❼如果透得過無門關的話，無門關根本沒有一門，沒有一關。丟進字紙簍內可也！

❽涅槃心是最後一路，悟則頓悟，非常簡易。但差別智卻是路上的障礙、關卡。如沒有智慧照被，便易被它們所絆，掉落在文字坑中，還不自知。

◎ 禪思與禪詩　楊惠南／著

　　第一部分簡要的介紹禪宗的思想；第二部分則將禪詩加以分類並賞析。所有的禪詩都是禪師所作，不同於一般討論禪詩的作品，只是針對王維、蘇東坡等歷代文人的詩作，而作「禪意」的比附；另一特色，禪詩的賞析並非從字義、名詞的註釋、解說入手，而是從禪師的思想及其悟境入手。作者隨興闡述每首禪詩中的思想內涵及其玄妙深奧的悟境，帶領讀者體會禪詩中的禪思。

◎ 禪與創新　董群／著

　　本書以歷史上諸多禪宗公案與事件為引，結合西方「創新理論」，從禪師們看似荒誕不經的行為中，剖析「禪」充滿創新能力的意境。不僅強調我們應回歸本心，發現自己、認識自己，更期許讀者另闢蹊徑，開展出一條嶄新的思想進路，體會禪宗「直指人心，見性成佛」的真諦。

◎ 何謂禪　鎌田茂雄／著；昱均／譯

　　生活在現世的人們，忙碌異常，有如走馬燈似地不停的工作，最後面臨死亡。此時，我們應該安靜地凝視自己的身心，傾聽它們的需求。禪，不僅可以解開心的煩惱，更能調適身體的問題；簡單地說，禪可以匡正生活。若您想使身體保持理想狀態、心胸悠然寬廣，不妨就由閱讀這本禪書開始吧！

◎ 經典禪詩　吳言生／著

　　禪宗詩歌是一筆豐厚的文化遺產,從創作主體上來看,包括歷來禪僧創作的悟禪之詩,和文人創作、帶有禪味的詩歌兩大類,而本書所探討的經典禪詩是指前一類 。 禪宗詩歌與純文學性的詩歌不同,它的著眼點不在於文字的華美、技巧的嫻熟,而在其禪悟內蘊的深邃、豐富;因此,藉由禪詩的吟詠,深足以豐饒身心、澄明生命。

◎ 經典頌古　吳言生／著

　　禪宗運用了電光石火的公案,以及吟詠公案的頌古來表現其思想體系。頌古的本意,在於使讀者從諷詠吟頌間體會古則的旨意,是禪文學得一種形式。本書在總體把握禪宗思想的基礎上,立足於禪本意的立場,對吟詠百則公案的頌古進行分析、欣賞,如遊人登山,隨芳草而直到孤峰頂上,讓自古以來即喧囂禪林的經典頌古廓然朗現。

◎ 經典禪語　吳言生／著

　　禪宗在表現生命體驗、禪悟境界時,於「禪不可說」中建立起一個嚴謹而閎大的思想體系,而本書正是通向禪悟思想之境的一座橋樑,藉由禪師們的機鋒往返,剝落層層的偏執,使你寸絲不掛,讓你在耳際招架不住的困思之中,體證修行與生活一體化的澄明之境,並嗅聞出禪門妙語的真實本性。

◎ 禪史與禪思　鎌田茂雄／著；昱均／譯

　　本書可以視為禪宗史的介紹，也可以看成禪宗思想的專論。內容涵蓋中國禪宗史上幾個大階段的歷史及其思想上的特色；對於中國禪宗各宗各派的思想，皆有簡要的介紹和分析。其中對於六祖惠能的禪法，是否像傳說中那樣，直承四祖、五祖以來的禪宗傳統，作者有著不同於一般禪宗史書的看法。對於《六祖壇經》中的「自性」這一概念，作者也作了深入的解析。另外，北宋和南宋之間的看話禪和默照禪之爭，作者也從宗教和政治之間的交涉，提出異於一般的見解。

國家圖書館出版品預行編目資料

公案禪語／吳怡著.－－四版一刷.－－臺北市：東大，
2020
　　面；　公分.－－(宗教)

　　ISBN 978－957－19－3204－0　（平裝）
　　1.禪宗 2. 佛教說法

226.65   108022087

宗教

公案禪語

作　　者	吳　怡
發 行 人	劉仲傑
出 版 者	東大圖書股份有限公司
地　　址	臺北市復興北路 386 號 (復北門市)
	臺北市重慶南路一段 61 號 (重南門市)
電　　話	(02)25006600
網　　址	三民網路書店 https://www.sanmin.com.tw
出版日期	初版一刷 1979 年 5 月
	三版一刷 2017 年 4 月
	四版一刷 2020 年 4 月
書籍編號	E220060
I S B N	978-957-19-3204-0